聪明的基金投资者

西部利得基金 著

文汇出版社

图书在版编目（CIP）数据

聪明的基金投资者 / 西部利得基金著. -- 上海 ：
文汇出版社，2024.5
ISBN 978-7-5496-4136-9

Ⅰ．①聪… Ⅱ．①西… Ⅲ．①基金－投资－基本知识
Ⅳ．①F830.59

中国国家版本馆CIP数据核字（2023）第192247号

聪明的基金投资者

著　　者 / 西部利得基金

责任编辑 / 邱奕霖
封面设计 / 张　晋

出版发行 / 文匯出版社
　　　　　上海市威海路755号
　　　　　（邮政编码200041）
经　　销 / 全国新华书店
印刷装订 / 江苏省常熟大宏印刷有限公司
版　　次 / 2024年5月第1版
印　　次 / 2024年11月第2次印刷
开　　本 / 720×1000　1/16
字　　数 / 180千
印　　张 / 14.5

书　　号 / ISBN 978-7-5496-4136-9
定　　价 / 58.00元

编委会

主编
贺燕萍

编委
蔡晨研　王　婷　王　炼

编委会成员
（按姓氏音序排列）

郭小川　韩　理　李天骋　李伟利　罗淑锦　宁　鹏　邱俊杰
盛丰衍　汤涌睿　吴海健　张皞骏　张　慧　张　英　朱　杰

序 1 在价值投资之路上携手同行

陕投集团是一家国有资本投资运营公司，在发展中构建起了以证券、信托为核心，私募基金、公募基金、期货、融资租赁、财务公司等有机结合的金融服务链。西部利得基金是陕投集团旗下一家公募基金管理公司，自 2010 年 7 月成立以来，秉承"怀工匠精神，为投资人负责"的使命，坚持专精特新的投研发展理念，通过持续稳健的投资业绩和专业温暖的服务精神，赢得广大投资者、合作伙伴的认可和信赖，逐步发展成为在固定收益和主动量化领域具有持续领跑优势的基金管理公司。

作为国有金融企业，西部利得基金在发展中恪守"合规、诚信、专业、稳健"的行业文化，积极贯彻落实中央金融工作会议精神，坚持诚实守信、以义取利、稳健审慎、守正创新、依法合规，努力做好科技金融、绿色金融、普惠金融、养老金融、数字金融五篇大文章，持续为广大投资者创造价值，为区域经济社会发展贡献力量。

为了保护投资者利益，提高投资者投资素养，促进金融市场健康发展，西部利得基金始终重视投资者教育，致力于投资者陪伴工作。在西部利得基金股东和董事会的领导下，经营管理团队将"投资者陪伴视作长期且正确的事情"，努力将更多、更好、更专业的投资理财知识传递给广大投资者。在这方面他们这些年进行了有益的探索，公开、公益性发布多样化的投资者教育产品，以有温度、有深度、有态度的投教内容，助力投资知识普及，培育科学投资理念。2023 年，他们结合多年来基金从业的实践经验和资本市场优秀案例，编撰了一本专注于投资者陪伴的书籍——《聪明的基金投资者》。全书从基金入门者的视角出发，让读者了解什么是公募基金、如何正确认识基金投资的风险、怎样选择适合自己的基金等一系列问题，力求帮助广大读者搭建基金投资知识的系统性框架。西部利得基金在书中传播给读者的专业知识和投资理念，体现了他们创造价值、分享价值的专业精神，与陕投集团所倡导的"以义取利，镕基筑范"的企业文化深度契合。相信广大读者通过阅读此书，一定能够体会到他们的专业匠心，对基金投资有更加全面的认知，建立适合自己的投资"方法论"，在科学有效的投资中创造价值、收获快乐。

面向未来，希望更多的投资者关注西部利得基金的产品和服务，我们愿意与广大投资者为伴，奉行长期主义，坚持价值投资，在投资之路上携手并进，行稳致远！

陕西投资集团有限公司党委书记、董事长

李元

序 2 携手同行，共同推进行业高质量发展

治国之道，富民为始。党的二十大报告指出，共同富裕是中国特色社会主义的本质要求，也是与中国式现代化高效结合且互为支撑的重要实践。随着对中国特色社会主义理解的深化，共同富裕的内涵也逐渐丰富。而公募基金作为普惠金融的重要载体，承担着为城乡居民实现财富保值增值的重要责任，肩负着构建广大投资者通过金融市场连结实体经济强力纽带的重要使命，在加快建设金融强国方面发挥重要作用。

如何建立牢不可破的强力纽带？简单来说，即通过公募基金让广大人民群众切实分享到中国经济发展的成果。广大人民群众既是社会财富的创造者，更是社会财富的享有者。从资本市场的角度，是否有效通过普惠金融共享社会财富无疑在于投资者的获得感，是否得到有效的提升。

在提升投资者的获得感上，加强投资者陪伴与教育是强而有力的立足点。在过去 30 年里，资本市场发展日新月异，金融机构作为证券投资服务的主体，理应主动承担投资者陪伴与教育的责任。

截至 2023 年上半年，我国公募基金存续总规模已经达到 27.69 万亿元，历史首次超越了总规模达 25.34 万亿元的银行理财市场存续规模。作为公募基金从业者，我们见证并参与了行业的成长发展，同时也深感责任之重大。公募基金的"公"字，即"公开"之"公"。既为"公开"，那么存"公心"、扬"公德"、倡"公平"便是所有公募基金从业者的责任。

中国投资者有着储蓄率高、投资参与度高的特点。但与此同时不可回

避的问题是，在普通投资者群体中，仍存在重博弈而轻价值、重短期而轻长期、重标的而轻配置的思维方式。同时我们也必须认识到，投资者群体的思维方式，是由多年以来的市场、经济环境，包括参与者共同作用下，通过一次又一次的变革而逐渐形成的，有其存在的客观性与复杂性。

随着社会财富的积累，投资者结构也在不断地动态调整，投教工作的重点关注也在不断变化。因此，投资者教育不仅需要长期重视，坚持不懈，更须融入企业文化，并且身体力行。而在方法上，也需要持续关注投资者教育的方法论，包括内容、途径和媒介的迭代。《聪明的基金投资者》一书的创作背景，不仅在于向投资者晓之以理，更在于时刻提醒自己投资者陪伴与教育工作的重要性。

西部利得基金自成立以来，一直高度重视投资者教育工作的开展与投资者服务能力的提升。过去，我们通过不断修炼"基础产品供应商"的角色，帮助投资者认识资产配置的重要性。同时，我们深知投教工作是教学相长、互相反哺的过程。作为公募行业的一员，我们要有信念感，兼具战略眼光，通过投教工作去取信、去感化，获得认同。

公募行业经过 25 年的发展，从初期的筚路蓝缕到如今的欣欣向荣，离不开广大投资者的鼎力支持。现阶段，公募行业正在从高速发展向高质量发展的征程迈进，其核心要义就是提升投资者的获得感。西部利得基金期待与广大投资者携手同行，走好中国特色的金融发展之路，持续提供让人民满意的投资者服务，力争为人民的美好生活贡献基金力量！

西部利得基金董事长
何方

目录

前言 投资者陪伴是长期且正确的事情

在资管行业的纷繁信息中，"长期投资"始终高频出现，而长期主义也是众多投资大师的"制胜法宝"。长期主义，看似简单，实则不易。其背后的难点在于多重因素——资本市场的波动、个人风险的承受能力、对投资的认知等。

中国的资产管理行业发展飞速，尤其是近十年，投资的产品、策略和渠道持续创新，投资者的认知也在不断迭代。如何协助投资者搭建系统的知识框架，并陪伴他们度过难熬的投资低谷，是我们持续思考的问题，也是笔者撰写本书的初心。在投资大师大卫·思文森在理念中，投资者想要从资本市场获取收益无外乎借助三种工具：资产类别配置、选择单个资产和择时交易。但是我们认为，除了上述工具外，一个坚持长期主义的理念也至关重要。

中国基金业20多年的稳健发展，一方面得益于较为完善的制度建设，另一方面亦得益于行业在发展中持续加强投资者保护。在行业高质量发展的指引下，行业各机构积极投入投资者教育与投资者陪伴的行列中，号召投资者增强风险意识，进行正确、理性的投资，以实际行动践行信托责任，凸显行业普惠金融、服务大众的属性。

基金管理人的初心就是要为投资者创造财富，实现基金资产的保值增值。作为公募基金的一员，西部利得基金始终致力于成为一家长期为投资者赚钱的公司。我们期待发挥自身专业优势，服务实体经济、服务国家战略、服务居民财富管理，切实践行金融报国、金融为民的发展理念。当然，我们也热切期待投资者们能够坚定信心，与我们一起分享到中国经济长期增长的果实。

在与投资者的交流互动中，我们深感投资者财商培养与投资者陪伴的任重道远，这是一项需要长期坚持的正确事情。过去数年里，西部利得基金积极投身于投资者陪伴的基建工作，陆续推出了"小犀说市场""大 A 的行业""身边的宏观经济学"等系列线上投教栏目，以及"小犀万里行"线下活动，通过西部利得基金的投教 IP"小犀"将更多的投资理财知识带给千家万户，力求能为一线理财经理及投资者提供多层次、全方位的专业化服务，助力更多的投资者特别是中长期资金参与市场。

与此同时，我们力争为投资者提供更丰富的产品选择，引导投资者通过不同的资产组合配置，实现资产的长期稳健增值。2015 年，西部利得基金开启了"二次创业"的序幕。我们立足"基础产品供应商"的定位，持续优化产品布局，培育顺应时代变革的产品策略，塑造投研的"专精特新"底色，努力为投资人创造长期稳定的业绩回报。在"以客户为中心，为投资人负责"的原则之下，公司积极倡导深度服务，以有温度的投资者陪伴工作，向广大投资者传递长期投资理念和资产配置方法。

在信息爆炸的时代，投资者或许并不缺乏获取知识的途径，缺少的是系统性的投资框架。为此，我们推出这本专注于投资者陪伴的书籍《聪明的基金投资者》。这本书里，我们从投资者的需求出发，力求详细介绍基金投资的基础知识。希望本书能够陪伴您的基金投资旅程，成为您投资生涯的伙伴。无论是初级投资者还是资深投资者，都可以通过翻阅本书获取有关基金投资的实用知识。

投资有路诚为径，努力无涯勤作舟。投资者的陪伴是长期且正确的事，我们将继续为之努力，也期待与广大投资者一起收获时间的玫瑰。

小犀行万里，拙诚守初心。

《聪明的基金投资者》编委会

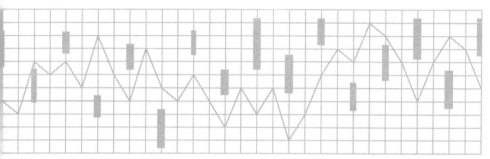

Part 1
基金入门

- 经久不衰的公募基金
- 公募基金产品的庞大家族
- 基金托管制度：基金安全的保障
- 基金是怎么成为主流投资品的？
- 公募基金带来的是独赢还是双赢？
- 谁决定了基金业绩：基金经理还是基金公司？
- 基金的风险等级是怎么划分的？
- 普通人适合投资基金吗？

经久不衰的公募基金

公募基金在中国的普及程度，或许超过公众的认知。统计数据显示，截至 2021 年年末，中国公募基金服务的有效账户数超过 14 亿户。[1] 可是，倘若把目光在周围扫一圈，公募基金远远算不上"普及"，很多人可能还不知道自己买了基金产品。

显然，公众对于公募基金的认知，有一个"剪刀差"。大量的公募基金持有人买了基金而不自知，这是行业发展过程中一个颇为有趣的问题。在公募基金普及的过程中，"宝宝类"货币基金显然起到了重要的作用。截至 2023 年二季度末，公募基金行业持有人数量最多的"宝宝类"产品，持有人户数高达 7.46 亿户。[2]

有趣的是，有很多持有"宝宝类"产品的持有人，将其当成了"余额增值服务和活期资金管理服务产品"，而并未意识到其实自己购买了基金。

庞大的持有人数量，并不意味着公募基金在居民理财中唱上了"主角"。从居民资产配置的角度来看，公募基金还在"跑龙套"。截至 2021 年年末，中国公募基金规模占家庭金融资产的比重约为 3.5%，与美国 23% 的比重相比仍然很低；中国公募基金规模占 GDP 的比重为 22.35%，与美国 140% 的比重相比也有巨大差距。[3]

---

1. 中国证券投资基金业协会编著：《中国证券投资基金业年报（2022）》。
2. 参见相关基金公司季报数据。
3. 中国证券投资基金业协会编著：《中国证券投资基金业年报（2022）》。
ICI：《2022 美国基金业年鉴》。

伴随着"房住不炒"概念的深入人心，越来越多的家庭开始更加关注公募基金的作用。

基金的前世今生

公募基金之所以能够"飞入寻常百姓家"，一定程度上是时代的需要，巴菲特推崇"投资就是投国运"。对于大部分普通人而言，公募基金是普惠的投资工具。在一个国家经济高速增长的过程中，公募基金类似于公共交通工具，让普通人也能搭上财富增长的顺风车。

在中国，公募基金并非自古就有，而是起源于英国的舶来品。在海外称为共同基金，共同基金进入中国后，则被称为公募基金，从历史渊源来看，公募基金的诞生源自西方国家中产阶级的崛起。

公募基金的雏形，诞生于首次工业革命后的英国，经历百年工业革命和对外贸易后，英国中产阶级崛起并积累了颇为可观的财富，然而，当时英国国内的利率很低，大量的闲置资金须有合适的理财工具，1868年，为了拓展海外殖民地，英国政府批准成立了世界上最早的契约型基金，也是公认的现代投资基金的雏形——"海外和殖民地政府信托基金"。

"海外和殖民地政府信托基金"主要分散投资于英国海外殖民地的公司债，投资地区涵盖南北美洲、中东、东南亚和意大利、葡萄牙、西班牙等国家。其发行方式已颇有章法：在《泰晤士报》上刊登招募说明书；公开向社会公众发售认股凭证；投资总额达到48万英镑，信托期限为24年。募集资金由英国政府授权的专职经理人作为信托管理人负责管理和运作。

公募基金诞生之后不断发展壮大。在"日不落帝国"逐渐告别鼎盛时期后，英国基金业依然稳健地续写着百年历史。

基金的第二次革命性创新发生在美国。1924 年"马萨诸塞投资者信托"（MIT）的成立见证了共同基金由封闭式向开放式的过渡，MIT 也成为基金史上第一只开放式基金。基金在美国的发展同样与经济增长有关，在 19 世纪中期完成第一次工业革命后，美国抓住第二次工业革命的机会，国力不断增强并在 1910 年成为世界第一，美国共同基金也随之迎来了快速发展。

MIT 在美国乃至全球基金发展史上的重要性在于其对基金组织形式和投资理念的变革。作为一只开放式基金，MIT 必须随时应对赎回，其对于流动性的关注远远高于封闭式基金，持仓主要集中在大盘股。

事实上，开放式基金展示了极强的生命力，在当今全球公募基金市场中占据了绝对的主导地位。

渐成必需品

通俗地讲，公募基金是一个组合投资工具，对于公募基金的持有人来说，最为重要的就是"赚钱效应"。

基金靠什么赚钱呢？目前全球的公募基金主要投资于股票、债券等金融工具。公募基金的收益有两个大方向：第一，所持有金融工具价格的上涨；第二，股票分红或者债券的利息收入。

公募基金的投资以资本市场为载体，但归根结底，公募基金赚的还是经济增长的钱。公募基金行业的繁荣有一个隐含条件：在过去的 200 年中，全球主要经济体的经济体量大多处于一个滚雪球增长的状态，公募基金作为一个普惠的投资工具，能够通过投资股票、债券等主流资产品类分享时代的增长。

目前，美国是全球最大的基金市场。相对而言，中国的公募基金行业起步较晚，1998年才有了首批公募基金公司。但伴随着中国经济的崛起与居民财富的累积，中国公募基金的规模正在持续提升，截至2021年年末，中国开放式公募基金（FOF除外）总规模为3.53万亿美元，位居全球第四位，仅次于美国、卢森堡和爱尔兰。（表1-1）

表1-1　全球开放式公募基金（FOF除外）规模前十国家（截至2021年年末）

排名	国家	规模（万亿美元）
1	美国	34.15
2	卢森堡	6.64
3	爱尔兰	4.61
4	中国	3.53
5	德国	2.97
6	澳大利亚	2.62
7	法国	2.53
8	日本	2.41
9	英国	2.33
10	加拿大	1.92

数据来源：美国投资公司协会（ICI: Investment Company Institute）。

二战后美国经济的再度崛起带动了股市繁荣，共同基金规模也持续攀升。1945年至1970年，美国共同基金总规模从12.8亿美元增长至476.2亿美元。在此期间，美国诞生了诸如富达（1946）、富兰克林邓普顿基金（1947）、联博（1967）等一大批投资者们耳熟能详的基金公司。此外，巴菲特也于1956年创建了伯克希尔哈撒韦。

20世纪70年代的经济滞涨，再度让美国基金行业陷入低迷。从20

世纪 70 年代初至 1978 年，美国基金规模基本持平，期间甚至一度缩水。1979 ～ 1982 年，美国国内利率升至两位数，但由于美国银行业的规定，大多数投资者都难以享受到由此高利率带来的高额回报，于是，货币基金应运而生。货币基金通过汇集大量投资者的资金，购买较高收益的投资资产，从而使得普通投资者也能享受到较高的回报。货币基金挽救了美国基金业，更培养了美国居民投资基金的习惯。此后，伴随着养老目标基金的崛起，共同基金进一步得到普及。到 2020 年，超过 45% 的美国家庭都投资了共同基金，其中一半的持有家庭投资金额达到了 13 万美元，共同基金已成为美国家庭进行财富管理的重要投资工具。

中国公募基金在成立之初便参考了海外先进经验，起点相对较高，发展速度较快。2007 年，在中国公募基金发展的第 10 年，基金规模首次突破 1 万亿元。此后 6 年，公募基金规模在 3 万亿元左右徘徊。从 2014 年开始，公募基金重新进入高速增长通道，到 2022 年，中国公募基金总规模一度突破 27 万亿元。[4]

美国共同基金的发展历程向来被中国基金业视作他山之石，之前货币基金在美国风行的一幕，已经在中国开始复制，接下来最值得期待的是中国养老基金的崛起，是否会复制美国的成功经验和路径，或将成为中国公募基金的下一个增长点。

回顾公募基金发展史，虽然曾经历过多次全球性危机，公募基金强大的适应能力让其每次都能从低谷走出。回看最近 20 年，全球经济经历过科技股崩盘和 2008 年金融危机，即便每次经历危机，但公募基金依然很快能再次创出新高。

---

4. 数据来源：参见中基协官网。

公募基金产品的庞大家族

国内一般所谈论的"基金",既包括公募基金,也包括私募基金(资产管理行业中已统称为"私募资产管理业务")。简单来说,两者的募集对象、募集方式、信息披露、投资限制、收费模式、投资理念等方面均有较大差别。

本书的基金聚焦在公募基金,公募基金是直接面向社会大众公开募集的基金,购买门槛较低,而私募资产管理业务是私下或直接向特定群体募集的,其受众只能是合格投资者,有特定的起投门槛。

此外,社会大众认知中的"私募基金"一般指"私募投资基金",其投资范围包括证券投资和股权投资等,与"私募资产管理业务"差距较大。2023 年 9 月。我国首部私募基金行业政策法规《私募投资基金监督管理条例》正式施行。

俗话说,龙生九子,各有不同,公募基金的大家庭中,也有着风险收益特征迥异的各类成员。对于有意投资基金的投资者来说,有必要在下手之前,先了解清楚基金的类别。

我们可以通过中国证券投资基金业协会(中基协)公布的公募基金资产统计,大概了解公募基金的官方分类及各类基金的规模现状。(表 1-2)

表1-2 截至2022年年底的公募基金资产统计

更新日期	类别	封闭式	开放式						合计
			股票基金	混合基金	货币市场基金	债券基金	QDII	开放式合计	
2022年12月	基金数量（只）	1300	1992	4595	372	2095	222	9278	10576
	份额（亿份）	33265.68	20131.94	40755.25	103354.25	38209.47	3711.76	206162.67	239428.35
	净值（亿元）	35000.29	24782.42	49972.86	104557.63	42730.86	3267.81	225311.60	260311.89

数据来源：中基协官网。

开放式基金与封闭式基金

如表 1-2 所示，在中基协的统计中，将公募基金按照运作方式分为封闭式基金和开放式基金两个大类。我们可以发现，无论是总份额还是总净值，开放式基金都占据了主导地位。

开放式基金是指基金份额不固定，基金份额可以在基金合同约定的时间和场所进行申购或者赎回的一种基金运作方式。

封闭式基金是指基金份额在基金合同期限内固定不变，基金份额可以在依法设立的证券交易所交易，但基金份额持有人不得申请赎回的一种基金运作方式。

封闭式基金是国内公募基金最为"古老"的品种，1998 年 3 月 27 日，封闭式基金金泰和基金开元成立运作，标志着公募行业的启航。

开放式基金出现得较晚。2001 年 9 月 4 日，国内获准发行首只开放式基金——华安创新开放式证券投资基金，此后，开放式基金规模逐渐赶超封闭式基金，成为最主流的基金品类。

对于投资者而言，开放式基金的申赎较为方便。封闭式基金变现相对困难，在封闭期往往只能通过证券交易所上市交易。不过，需要注意的是，封闭式基金在场内交易折价的情况比较普遍，可能会对在封闭期需要赎回的投资者造成一定的损失。

相对于封闭式基金，开放式基金的流动性更佳，更为重要的是，对于投资者而言，开放式基金更方便投资者"用脚投票"，投资者的申赎行为一定程度上有助于激励基金公司改善其投研能力。

事实上，全球资管行业都是开放式基金占据主流。据美国投资公司协会（ICI）发布的数据显示，截至 2022 年年末，全球受监管的开放式共同基金总规模 60.1 万亿美元。

按照投资范围，公募基金可划分为股票型基金、混合型基金、货币市场基金、债券型基金；根据投资地域的不同，又可以分为投资国内证券市场的 A 股基金和投资境外市场的 QDII（Qualified Domestic Institutional Investor）基金。

股票型基金：一度占据绝对优势

股票型基金是海外最为主流的基金种类。股票型基金大部分资产投资于股票市场，根据基金合同中的定义，它的股票仓位合同约定不低于基金资产的 80%。

股票型基金"含股量"高，因此股票型基金和 A 股市场往往给人涨跌方向类似的感觉。某些投资者之所以潜意识里将基金当成和股票类似的资产，主要也是因为股票型基金一度占据绝对优势。

不过，时至今日，从表 1-2 中基协的数据分类可以看出，无论产品数

量还是规模，股票型基金都"不敌"其"同门兄弟"混合型基金。

混合型基金占据权益基金主流是中国特色，这是一个有意思的现象。早年公募基金行业，股票型基金一度占据着绝对优势，混合型基金只是配角。不过，用目前的标准来看，当时的股票型基金并不"纯粹"，股票仓位下限是 60%。

《公开募集证券投资基金运作管理办法》于 2014 年 8 月 8 日正式实施，规定股票型证券投资基金的股票投资比例下限上调至 80%。

在 2014 年 8 月 8 日之前，不少股票基金纷纷公告，转型"变身"混合基金。之后发行的权益基金中，混合型基金的数量也远超股票型基金。

股票型基金之所以"失宠"，主要是高仓位的限制，在震荡市其表现可能不尽如人意。相比而言，混合型基金仓位相对灵活，"进可攻退可守"。中国市场过往"波动较大"，显然对于股票型基金的成长有所压制。

混合型基金：进可攻退可守

股票型基金与混合型基金是权益基金中常见的两种类型，与股票型基金相比，混合型基金股票仓位相对灵活。

混合基金的投资组合中既有股票，又有债券等固定收益资产，混合型基金的设计初衷，是让投资者可以选择一种产品就实现投资的多元化，基金经理会根据自己对市场的判断灵活调整股票和债券的仓位。

从较为理想的角度来看，基金经理可以有较大的操作空间，当基金经理对于权益市场更加看好的时候会主动增加股票的仓位，降低债券的仓位，争取更好的收益，而当基金经理更加看好债券市场的时候就会做反向的操作。

混合型基金给基金业绩评价也带来了一些挑战,同样在一个分类里面,可能会出现两只基金的权益配置比例迥异。那么,如何判断某只混合型基金的股票与债券投资比例呢?可以参考基金合同标明的业绩比较基准。

相比股票型基金中"含股量"的明确,混合型基金可能像盲盒。所以在投资混合型基金之前,投资者厘清分类也有必要。

股票型和债券型基金的合同约束力比较强,混合型基金的定义则相对模糊。很多金融机构在基金合同约定的基础上进行二级甚至三级基金分类。目前,混合型基金尤其是成立较早的基金会存在合同中投资比例约定不够明确或者过于宽泛,导致基金实际运作受约束较小,可能存在其特征偏离混合型基金风险收益特征的情况。

在投资混合型基金过程中,第三方机构对该类基金的同类排名也是一个值得关注的指标。

混合型基金的大行其道,是国内公募基金业演化至今形成的较为不同的市场格局。或许可以说,存在即合理。

货币市场基金:现金管理利器

从表 1-2 中基协的数据来看,截至 2022 年底,货币市场基金是目前唯一规模超过 10 万亿元的基金品类。

货币市场基金为只投资于货币市场的一种开放式基金,它主要投资于:

(1)现金;

(2)期限在 1 年以内(含 1 年)的银行存款、债券回购、中央银行票据、同业存单;

（3）剩余期限在 397 天以内（含 397 天）的债券、非金融企业债务融资工具、资产支持证券；

（4）中国证监会、中国人民银行认可的其他具有良好流动性的货币市场工具。[1]

在所有公募基金中，货币基金的投资标的风险低、流动性好，是常见的现金管理工具。货币基金大多分为 A 类和 B 类份额：A 类份额通常申购起点低，有的甚至 1 分钱起购；B 类份额则相反，通常申购起点较高，大部分 500 万份起。

A、B 两类份额投资运作的时候是没有区别的，基金公司收取的管理费和托管机构收取的托管费率也相同。不同的是它们的销售服务费，通常 A 类份额的销售服务费率是要高于 B 类份额的，这也就导致了它们收益率的差异。

由于相比于债券基金和股票基金，货币基金净值波动较小，较难体现在产品净值中，故以往绝大多数货币基金的净值都是 1 元，基金公司公布的大多是万份收益和 7 日年化收益率。万份收益容易理解，就是投资者当天持有 1 万份基金（1 万元）拿到的收益是多少，7 日年化收益率是这只基金过去 7 天每万份收益加总后折合为年收益率，这个收益率可以当作一个短期的盈利参考指标，但是并不代表基金的实际年收益情况。

值得注意的是，浮动净值型货币基金已经出现。浮动净值型货币基金没有固定的收益、没有投资期限，可以随时赎回，而且每天的收益体现在净值的增长中，除非分红，否则持有份额是不变的。

最近几年，货币基金很少有新产品上线，规模却在不断攀升。货币基

---

1. 以上定义及投资范围摘自中国证监会《货币市场基金监督管理办法》。

金在国内的风行，颇有润物细无声的架势。很多年轻人所持有的余额宝，实际上就是货币基金。

债券型基金：飞入寻常百姓家

债券型基金是以国债、金融债等固定收益类金融工具为主要投资对象的基金。因此，它也和货币基金一起，被统称为固定收益基金。

债券型基金有纯债债基、一级债基及二级债基等分类。如果是全部投资债券的基金，没有投资股票，那么这种债券基金被称为纯债基金。纯债基金一般被认为风险相对较低。

如果是不单单投资债券，还可以投可转债、可交换债的基金，那么这种债券基金被称为一级债基。

如果是除了投资债券市场以外，参与了二级股票市场的投资，那么这种债券基金被称为二级债基。

债券相对股票而言，可以为投资者提供相对固定的投资收益。长期来看，其收益没有股票高，但是风险整体低于股票。相较股票型基金而言，债券型基金具有收益稳定和风险较低的特点。

除了以上债券基金类型，还存在一些风险较高的债券型基金。如主要资产投资于可分离债、可转债或可交换债的这类债券基金，因为投资对象实际上是一个债券属性的票证外加一种附带转股或者认股权证的期权，相对于一般的债券基金产品波动会更大一些。

可转债既有"债性"，也有"股性"，因此可转债基金相比其他债券型基金，明显更为"激进"。

QDII基金：投资海外

QDII 基金是在我国人民币没有实现完全可自由兑换、资本项目尚未开放的情况下，有限度地允许境内投资者投资境外证券市场的一项过渡性的制度安排。对于境内投资者而言，要参与海外资本市场，QDII 基金是一种常见的工具。

QDII 基金能投资的资产类别极为丰富，按照投资标的，可以分为股票型 QDII、混合型 QDII、债券型 QDII、另类投资型 QDII。其中股票型 QDII、混合型 QDII、债券型 QDII 的定义与上述国内的分类概念颇为类似。

值得一提的是另类投资型 QDII 基金，它可以间接投资于黄金、原油、贵金属等国际主要大宗商品，还有小部分产品涉及海外房地产信托投资（REITs）。国内公募基金产品较少参与商品市场，另类投资型 QDII 基金因此也就有了更为独特的吸引力。（备注：目前国内公募的黄金、原油、贵金属等另类投资型 QDII，基本都是通过持有海外商品 ETF 或期货的方式实现的）

QDII 让基金投资者有了参与全球资本市场的机会。不过，目前 QDII 最大的投资方向仍是美股和港股。其中，投资美股的 QDII 基金多为指数基金，主要跟踪纳斯达克 100、标普 500 等指数，以及一些行业指数，如纳斯达克生物技术等；投资港股的 QDII 基金中，指数型也不少，主要跟踪恒生指数、恒生国企指数和恒生科技指数，此外，投资全球的 QDII 权益基金也有一些主动管理型，但总体来说相对于指数的超额收益并不明显。

作为投资于海外市场以外币计价的金融资产的基金产品，QDII 基金具备以下优点：第一，为国内投资者提供投资海外市场优质企业的机会，如全球高端芯片产业链、技术领先的生物技术公司等；第二，为国内投资者提供分散风险的资产配置工具，国内投资者大部分资金均投资于国内市场，正所谓"鸡蛋不能都放在一个篮子里"，适当配置 QDII 基金，将部分资金投资于相关性较低的海外市场，可以起到分散投资风险的作用；第三，在一定程度上对冲汇率风险，QDII 基金投资标的大部分以外币标价，在人民币贬值周期中能发挥一定的对冲作用。

不同的基金产品，对应着不同的投资标的和策略，也许没有一种基金能满足所有投资者的需求。公募基金的投资者，需要细致地梳理自身的财务状况，明确投资周期和风险承受能力，投资于符合自身风险收益要求的基金产品。

从中基协的统计可以看出，固定收益基金目前占比较高，而 QDII 基金的占比很低，这也意味着我们的权益投资尤其是海外投资，还有很大的进步空间。

基金托管制度：基金安全的保障

基民为何不用担心基金公司卷款潜逃，主要是因为有基金托管制度。

在现实生活中，"你想要他的利息，他却想要你的本金"，类似的事情常有发生。一个值得思考的问题：国内公募基金自 1998 年开始运作，为什么没有发生过系统性风险？

公募基金投资者的资金安全，主要由基金托管制度来维系，很大程度上，托管制度堪称公募基金的基石，不仅能保护投资者的资金安全，也能确保公募基金规范、透明地运作。

资金安全的守护神

基金托管是指商业银行等持牌机构接受基金管理人的委托，代表基金持有人的利益，随着公募基金资管业务的不断发展，基金托管市场也逐渐火热。

国内公募基金从成立开始，便借鉴了海外先进经验，引入了基金托管制度。1997 年年底，《证券投资基金管理暂行办法》颁布，拉开了中国资管行业蓬勃发展的序幕，托管机制应运而生。1998 年工商银行、建设银行、农业银行、交通银行、中国银行 5 家银行获得公募基金托管业务资格，成为最早的一批托管机构。

此后，不断有托管机构获批。不过，截至目前，国有五大行仍在基金托管领域中占据了主导地位。

值得一提的是，托管机构接受了基金管理人（基金公司）的委托，却代表着基金持有人（基民）的利益。托管机构在保管基金资产的同时，监督基金管理人日常投资运作。基金托管人独立开设基金资产账户，依据管理人的指令进行清算和交割，保管基金资产，在有关制度和基金契约规定的范围内对基金业务运作进行监督，并收取一定的托管费。

类似于"虚假净值"这类风险事件，从未发生在公募行业，主要因为公募基金以开放式基金为主，投资者始终依据基金净值来进行申购赎回操作。

公募基金公司扮演的是凭借专业知识运作基金的角色，却接触不到投资者的资金，因此根本不存在"卷款潜逃"的条件。投资者在买了基金之后，钱并不会直接进入基金公司的账户，而是进入托管方的账户当中。若是投资者想要赎回基金，钱也是直接从托管方返还。

或许有人会担心，托管行会不会和基金管理人相互勾结，然后监守自盗？事实上，相关制度已考虑过类似的风险。《证券投资基金法》《企业年金基金管理试行办法》均要求托管人与管理人不得相互出资或者持有股份。托管方除了独立对托管财产进行保管之外，一般还承担了对托管财产投资运作主体独立行使监督权，该项监督权一般由委托人通过托管协议的方式予以约定。保持独立性是托管银行开展托管业务的根本所在，失去了独立性，托管意义也将不复存在。

从目前公募基金托管市场的格局来看，信誉卓著的头部商业银行占据了大多数份额。对于基民来说，这种情况进一步减小了资金安全的隐患。

券结基金出现——入局与变局

早年承担托管业务的都是商业银行，此后证券公司也加入托管机构的行列。近年来，基金托管牌照的发放节奏呈加速优势。监管层面通过鼓励和引导基金托管业务的行业间及行业内竞争的举措，以期这些机构未来能够向基金客户提供更专业、高效的服务，且费率上具有优势的机构有望获取更多的市场份额。

就目前而言，证券公司还很难撼动商业银行的统治地位。

从基本功能来看，商业银行和证券公司的托管业务同质化明显。不过，公募基金行业一直是创新较快的行业，如 QDII、REITs 基金等产品的出现，对托管机构既是机遇又是挑战，需要托管机构紧跟市场进展，拓展业务范围。

目前，商业银行在基金托管领域仍占据霸主地位，证券公司则努力突围。券结基金（即通过证券公司进行资金结算的基金）也有自身的优势，譬如交易、托管、结算一条龙服务。此外，相对于银行，证券公司（以下简称"券商"）更贴近资本市场，在专业程度上有优势。券商在对创新品种的理解和支持、创新产品的交收清算、净值计算等方面有自身的专业优势，因此，券结业务对此类基金吸引力更强。比如 2015 ～ 2016 年交易型货币基金发展较快，当时共成立 14 只交易型货币基金，其中有 8 只由券商托管。

从全市场细分类型的偏好看，指数基金相对青睐券商。此外，在被动指数基金中有重要地位的 ETF 基金是通过场内交易的，券商在服务 ETF 基金的场内交易方面会更有优势。

对投资者来说，无论所选择基金产品后面的托管机构是银行还是券商，都不需要担心资金安全问题。各家托管机构之间的竞争，通过有效引导和监管，一般会让投资者享受更为优质的服务。

基金是怎么成为主流投资品的？

自 2020 年基金登上热搜以来，"基金出圈"便屡屡成为社交媒体的话题。回顾公募基金在中国的发展历程，它经历过长期"非主流"的洗礼，最终一步一步成为主流投资品。

事实上，基金从被边缘化走向主流的历程，有助于我们用长期的视角来看待资产管理子行业。

应运而生

国内公募基金的出现可谓应运而生。

20 世纪 90 年代，伴随着经济的持续增长，居民的理财需求得不到满足。为了解决这个矛盾，1998 年，公募基金启航，从成立之初便借鉴了海外先进经验，其中最值得称道的就是托管人制度，托管人制度让管理人和托管人分离，托管人制度有助于有效防止挪用保证金、携款潜逃等现象。

从这二十几年的实践来看，托管人制度具备相当的优越性。不仅公募基金，还有信托、保险及很多银行的理财产品、私募产品、全国社保等，都使用了此制度。

尤为重要的是，公募基金从一开始便采用净值化的方式，刚性兑付始终与公募基金无缘。

事实上，没有刚性兑付预期的公募基金产品，一度不受投资者待见。

其中最为典型的一个参照物为信托。2008 年年底，信托总规模为 1.22 万亿元，2007 年公募基金规模一度达到 3 万亿元。然而，公募基金在 3 万亿元上下徘徊了 7 年左右，信托则一路高歌猛进，在 2013 年三季度跨过 10 万亿门槛。[1]

彼时，在几大资管子行业中，公募基金资管总规模排在信托、银行理财、保险资管之后，感受到巨大的压力。

不过，刚性兑付不啻于赤壁之战中的"铁索连环"。在资管新规发布之后，公募基金管理规模则不断高歌猛进，中基协数据显示，2023 年 9 月公募基金规模合计 27.48 万亿。据普益标准统计，截至 2022 年四季度末，银行理财存续规模约为 26.65 万亿元；中金固收研报数据显示，银行理财的规模峰值为 31.5 万亿元。中国信托业协数据显示，截至 2022 年三季度末，信托资产规模余额为 21.07 万亿元。

他山之石

国内公募基金的发展历程，跟美国共同基金业的成长颇有类似之处。

自 1924 年美国第一只开放式基金问世至今，美国共同基金行业已发展近一个世纪，逐渐成长为美国最大的金融产业。

其发展过程主要分为三个阶段：第一阶段是传统共同基金发展，这个阶段的特点是主动投资，基金经理地位凸显，市场上以传统股票型、混合型基金为主；第二阶段是以养老基金为主的资产配置兴起，在这个阶段形成了买方投顾模式；第三阶段是逐步转向被动投资，投顾服务智能化，在

---

1. 数据来源：参见信托业协会、Wind 资讯。

这个阶段产品细分逐步多样，开始发展被动投资基金，费率下降，且基金公司由传统基金管理向投顾服务转变。目前，美国拥有全球最大的基金市场，截至 2022 年底，美国市场受监管的开放式基金合计资产管理规模达 28.6 万亿美元，占全球公募资产的 47.59%，在全球金融市场上占据重要角色。

美国共同基金是从股票型基金发展起来的，在 20 世纪 70 年代之前，美国以股票型基金为主。随着经济进入滞涨周期，股票市场表现不佳，同时受 Q 条例 [2] 的影响，货币市场基金迅速发展，1981 年占比达到 77% 的顶峰，而自 20 世纪 80 年代起，产品结构又逐步回归以股票型等长期投资基金为主，其中主要投资美国本土市场的美股股票型基金始终占据主导地位；而主投海外股票市场的环球股票型基金发展较快，在股票型基金中的规模占比由 1999 年的 16% 稳步上升至 2018 年的 26%。

过去 20 多年，美国共同基金（含 ETF）规模实现了快速扩张，其中被动型基金的规模增速超越主动型基金。被动型基金规模从 1999 年的 4165 亿美元扩张至 2022 年底的 10.9 万亿美元，增长了 25 倍，被动型基金的规模占比也大幅提升，从 1999 年的 7% 提高至 2022 年的 46%。[3]

国内公募基金的发展也有过多次波折，尤其是 A 股波动较大的特点，给公募行业的发展带来了很多挑战。

2001 ～ 2005 年，A 股经历了 4 年半熊市，公募等资管规模停滞不前。此后，股改带来了一波牛市，公募基金迎来了第一次大扩容。2005 年年末，

---

2. 禁止联邦储备委员会的会员银行对它所吸收的活期存款（30 天以下）支付利息，并对上述银行所吸收的储蓄存款和定期存款规定了利率上限。
3. 参见中基协：《美国共同基金发展情况简述》。

公募基金总规模为 4691 亿元，此后 2 年内公募基金总规模暴涨逾 6 倍；第二波大扩容，来自 2013 年以来货币基金的扩张。中基协数据显示，截至 2022 年三季度末，货币基金总规模超过了 11 万亿，不过，参照美国公募基金市场的发展历程，未来货币基金在我国公募基金市场中的比重可能将继续下降。截至 2022 年年底，美国货币基金占比约为 17%，而此前货币基金一度占比达到 77%；第三次扩容，来自 2019 年以来的"公募牛市"。我国资本市场处于资产端扩容、居民存款搬家、养老金等长线资金带来增量资金入市的红利期。Wind 资讯数据显示，2019 年，99% 的基金取得正收益，股票型基金的平均收益率为 39.61%，2020 年权益基金整体获得 44.82% 的收益，"赚钱效应"为公募基金带来了一轮权益基金的扩容。

中国公募基金的发展与美国共同基金的发展相对比，存在一定时滞，但内在的驱动逻辑颇为类似。美国基金产品的兴衰与资本市场联系紧密，经历了股票型基金、货币市场基金、债券型基金等几个阶段，最后重回股票型基金阶段，但目前存在主动转被动的趋势。

参考美日市场，养老金入市或将推动我国资本市场繁荣发展，也给公募基金带来成长红利。根据 ICI（美国投资公司协会）的统计数据，截至 2022 年年底，美国共同基金管理资产的 46% 来自养老资产，达 10.1 万亿美元。

公募基金带来的是独赢还是双赢？

也许投资者不喜欢看到的新闻，就是"基金赚钱，基民不赚钱"，如果正值市场下跌，这类抱怨一般都会引起共鸣。

事实上，在绝大多数场景中，公募基金与持有人的利益是一致的。无论中外，公募基金都存在一个普遍的规律，基金赚钱之后，往往会获得更多申购，进一步做大规模获取更多收入。业绩与口碑对于基金公司同样重要，专业制胜、服务优秀的基金公司才能够不断成长。

基金有一定赚钱效应

口碑是财富管理机构的生命线。不过，公募基金公司并不能够控制市场的涨跌。换言之，公募基金赚钱与否不仅与基金公司的管理能力相关，也与市场环境有关。

当市场环境不好时，亏钱的基民可能会怒气冲冲。投资者往往有着朴素的愿望，希望在各种场景下都能赚钱，但这显然不是资本市场的常态。2022 年，沃伦·巴菲特、肯尼斯·费舍尔、詹姆斯·西蒙斯、霍华德·马克斯等投资大师都面临亏损。

国内公募基金大部分时间面对的都是"波动较大"的中国股市，这或许也是公募基金很难凭借自身解决的问题，需要资本市场的持续改革才能完成。

尽管 A 股常被投资者抱怨"上证指数十年不涨"，但公募基金交出的

成绩单还算不错。中金公司研报显示，在 2011 ～ 2021 年 10 年间，公募基金创造费后利润 5.5 万亿元，向投资者分红 3 万亿元。

而通过 2009 ～ 2022 年期间 5 年滚动年化收益率来衡量基金的主动投资管理能力会发现，除了 2018 年以外，在大部分时间里主动基金的滚动表现均优于以沪深 300 为代表的基础市场（见图 1-1）。这意味着，2004 年以来的任一时点上，投资者持有主动管理股票型基金 5 年以上，通常可以实现好于同期市场指数的平均年化收益率。[1]

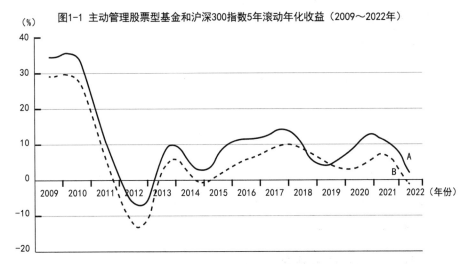

图1-1 主动管理股票型基金和沪深300指数5年滚动年化收益（2009～2022年）

注：图中A代表主动管理股票型基金，B代表沪深300指数
资料来源：上海证券基金评价研究中心。

基金公司的不断尝试

监管机构和公募基金公司，为了让投资者利益与基金公司利益趋同，进行了不懈的探索。目前基金公司尝试的方式主要有 3 种：自购、降费及

---

1. 转引自中基协编著《中国证券投资基金业年报 2022》。

增强投资者教育，其中也包括提升投顾业务水平。

自购在公募基金行业出现较早。基金公司的首次自购发生在 2002 年 2 月，自购的是基金科瑞（后转型为易方达科瑞），自购金额为 3000 万元。20 年后的今天，自购行为更为普遍，2022 年 A 股的下跌潮中，上百家基金公司参与了自购。一般来说，自购是基于对中国经济和资本市场的长期看好、同持有人共进退的初心，以及对自身投研持续迭代能力的充分信心。

除了基金公司自购，基金经理也积极参与自购。基金经理自购不仅被当成一种传递信心的行为，基金经理自身掏出真金白银，也有助于减少所管理基金的激进操作。

降费则可以视为一种基金管理公司对于投资者的让利。公募基金的显性费用构成主要可以分为两大部分：持有期间产生的管理费、托管费、销售服务费以及交易期间产生的认购费、申购费、赎回费。

从趋势上看，不管是权益类还是债券类，管理费率均呈现下降趋势；从海外经验上看，美国各类基金产品费率下降的主要驱动因素是市场竞争、规模效应和被动投资盛行。

目前，公募基金行业存在主动降低费率、采用浮动管理费率及创新产品形式三种降费让利的实践。降费的根本目的是通过降低基金运作成本，最终是为了优化投资者体验，同时鼓励管理人提升研究服务价值，以及销售机构完善以客户为中心的综合服务能力。此外，降费对于 FOF、公募投顾等组合配置模式的成本控制也大有助益，能够更好地与个人养老金政策相对应，给公募基金创造了提供养老金融服务的条件。

这些积极改变和尝试，从长期来说，不仅会让投资者受益，也有助于行业的进一步发展壮大。

投教工作任重道远

相比自购和降费的立竿见影，加强投资者教育（以下简称"投教"）和投资顾问服务（以下简称"投顾"）则需要"慢工出细活"。基金个人投资者的投资认知与实际行为之间存在背离，投教工作和投顾服务重要性日渐凸显。"凭运气赚来的钱，都会凭实力亏出去。"这虽然是一句调侃，却也和不少基金投资者的现状相吻合。

投教工作任重道远。中基协发布的《全国公募基金市场投资者状况调查报告（2020 年度）》显示，就影响中长期投资的因素来看，54% 的投资者认为基金收益表现与自己预期不符，50% 的投资者认为基金投资时长与自己希望的周期不匹配，另有 46% 的投资者认为基金选择困难，需要专业投顾帮助；近 7 成投资者在亏损 10%～50% 时出现明显焦虑。投资者教育及陪伴重要性凸显。[2]

在提高基金投资的效率方面，并不能仅凭基金公司提高管理能力就能实现。投资者对风险收益匹配、产品适配、长期持有等理念认可度普遍提高，但却很难践行，实际投资中仍有较多非理性行为。例如，接近 70% 的投资者无法有效止盈止损，主要看行情买卖；约 80% 的投资者预期收益率为 5%～30%，从公募基金历史数据来看，该收益率区间对应的年度最大回撤中位数为 15%，但能承受 10% 以上损失的投资者占比不足 60%，可见投资者对自身及基金产品的风险收益特征欠缺准确认知，以上矛盾催生了

---

2. 参见中基协：《全国公募基金市场投资者状况调查报告（2020 年度）》。

对基金投顾服务的需求。2020 年，73% 的投资者对基金投顾服务有兴趣，其中，67% 的投资者明确表示需要投顾建议或服务。[3]

从实践来看，投资者的行为与其投资结果之间存在明显的相关性。对于公募基金公司而言，不仅仅需要做生产基金产品的制造商，还需要细化陪伴服务。调研显示，基于互联网的视听化新媒体投教形式最受欢迎。近年来，业内许多公司专设了投教基地，显示出对这项业务的重视。

---

3. 参见中基协：《全国公募基金市场投资者状况调查报告（2020 年度）》。

谁决定了基金业绩：基金经理还是基金公司？

影响公募基金业绩的因素很多，宏观环境、市场波动、风格转换等有可能导致基金的净值波动。在国内公募行业，投资者往往存在一个一直以来的困惑：怎样才能买到业绩好的基金？

国内公募基金行业发展中，涌现出不少明星基金经理。

选基金经理还是选基金公司？这是一个问题。

市场偏爱明星基金经理

在全市场诸多产品中，找到未来业绩较为出色的基金，不啻于沙里淘金。追捧明星基金经理是近年来一度风行的一种挑选模式，明星基金经理受到市场追捧，其管理的基金规模水涨船高，出现了一批管理规模在百亿以上的基金经理，甚至还曾涌现出几位管理规模突破千亿的基金经理。

一两个明星基金经理横空出世，极大提升所在基金公司的规模和品牌，这种案例在行业中也存在，不过，这并不能因此推导出明星基金经理拥有"点金圣手"的能力。综观国内公募行业二十几年的发展历程，一些底蕴雄厚的基金公司经常能推陈出新。

那么，从投资者的角度来看，追捧明星基金经理是不是一个好策略呢？回顾公募基金的历史，往往是"铁打的基金公司，流水的明星基金经理"。

明星基金经理之所以很容易为投资者所接受，往往是因为有鲜明的风格和优异的历史业绩。但即便是明星基金经理，也需要背后团队的支持以及一个较为专业的投研体系的加持。事实上，有明星基金经理，离开平台之后星光暗淡。这或许充分证明了只有基金经理和投研平台"双向奔赴"，才有可能在这个竞争激烈的行业中脱颖而出。

投研团队不容忽视

此外，对于明星基金经理的"定性"评价并不容易。基金的历史收益率（尤其是中短期的高频收益率）中包含了大量的"噪声"，以至于利用基金中短期收益率来评价基金经理的真实投资实力常存在较大的失真。通过拉长基金产品业绩区间以过滤收益"噪声"的方法，虽然在数据获取层面上是可行的，但由于基金经理本身任期的更替，该方法并不能真正做到有效过滤包括收益率内在的"噪声"。

因此，有专业机构认为，熊市投资能力较牛市投资能力更能反映基金经理的真实投资能力。在市场上涨的行情中，基金经理业绩普遍较好，基金经理的投资理念、心态和技术相对缺乏市场的打磨；而在市场整体下跌时，面对困难与挫折，部分基金经理的投资理念、框架与心态开始变得成熟，投资技巧、风险控制与策略变得更加稳健。

投资是科学与艺术的结合。对于公募基金公司来说，很多优秀的公司试图将科学的部分做到极致，其根本是不断完善基金公司管理机制，淡化对基金经理短期业绩、市场排名的考核，进一步完善长周期激励机制，剥离掉基金经理业绩中的运气成分。合理的机制和良好的投研氛围，才是孕育明星基金经理的"温床"。

综合来看，公募基金的长期业绩优异，更大部分得益于更稳定的团队

构成与投研体系、更成熟的培养路径，在积累基金经理投研经验的同时对其资管规模形成正反馈，并敦促基金经理集中精力管理产品，不断保持行业优势。

对于每位基金经理而言，自身的不同经历和禀赋决定了其策略的独特性。对于公募基金公司而言，则拥有打造一条工业化投研流水线的可能性，通过合理的授权，可以在公司内部培养出风格迥异的优秀基金经理。

基金的风险等级是怎么划分的？

"基金有风险，投资需谨慎。"这是投资者常见到的一句话，常见于基金海报、折页及各大销售渠道的易拉宝。

投资基金面临各种不确定性，因此广义的基金风险包含了很多内容。譬如投资风险、申购及赎回未知价风险、市场风险、政策风险、经济周期风险、利率风险、上市公司经营风险、购买力风险及不可抗力风险等。

资本市场的风吹草动、央行的货币政策变化、上市公司的业绩"变脸"、经济增速的转变，甚至远隔重洋的美联储加息降息，都会导致基金的净值波动。

买基金也要"门当户对"

对于投资者而言，在购买基金之前最需要关注的是投资风险。为了保护投资者利益，中国证券监督管理委员会早在 2016 年第一次发布了《证券期货投资者适当性管理办法》，并在 2020 年进行了修订。中国证券投资基金业协会发布了《基金募集机构投资者适当性管理实施指引（试行）》（中基协发〔2017〕4 号）（以下简称《指引》），并配套发布了 6 大类业务参考模板。《指引》强调了投资者适当性管理。通俗地说，就是要把适当的产品或服务以适当的方式和程序提供给适当的人。

适当性管理主要包括以下三方面。

一是评估投资者，经营机构需要对投资者有全方面的了解，明确投资者的风险承受能力，对投资者进行分类管理。

二是评估投资产品的风险，经营机构理解其提供的产品、服务，尤其是产品、服务潜在的风险，建立完善的产品或服务分级制度。

三是经营机构在对投资者及提供的产品、服务充分了解的基础上，将合适的产品、服务提供给合适的投资者。

《指引》要求，投资者要区分为普通投资者和专业投资者，并在一定条件下可以相互转化。普通投资者和专业投资者的区分，避免了一些风险承受能力较弱的普通投资者暴露在一些风险较高的产品前。

专业投资门槛高

普通自然人投资者若要被判定为"专业投资者"，需要同时符合下列条件。[1]

（1）金融资产不低于 500 万元，或者最近 3 年个人年均收入不低于 50 万元；金融资产指银行存款、股票、债券、基金份额、资产管理计划、银行理财产品、信托计划、保险产品、期货及其他衍生产品等。

（2）具有 2 年以上证券、基金、期货、黄金、外汇等投资经历，或者具有 2 年以上金融产品设计、投资、风险管理及相关工作经历，或者属于机构专业投资者的高级管理人员、获得职业资格认证的从事金融相关业务的注册会计师和律师。

---

1. 中国证监会《证券期货投资者适当性管理办法》。

公募基金行业中还有一类业务叫"特定资产管理"业务，这类业务产品通常被称为专户产品。与公募基金产品不同，专户产品是针对特定客户设定的，走的是差异化、个性化的道路，产品设计和费率更为灵活。

在公募基金行业，投资者须经过基金公司的风险测评，成为"合格投资者"后，才能投资专户产品。与此同时，投资者可投资的公募基金产品，也需要进行风险分层。

向下兼容原则

目前，基金募集机构要按照风险承受能力，将普通投资者由低到高至少分为 C1- 最低风险等级、C1- 保守型、C2- 相对保守型、C3- 稳健型、C4- 相对积极型和 C5- 积极型。风险承受能力是一个综合指标，需要综合衡量，它与个人的资产状况、家庭情况、工作情况等都密切关联。对投资者的风险承受能力进行评估的根本目的在于更好地保护投资者的利益。

个人投资者通过银行、网站或者 App 购买基金前，都会被要求进行风险承受能力测评。普通投资者填写风险测评问卷，问卷内容涉及财务状况、投资经验、投资知识、投资者目标、风险偏好和其他信息等内容。

根据普通投资者测评得分，将普通投资者划分为不同的风险等级。投资者应当重视风险测评。事实上，风险承受能力较低的投资者购买了高风险的产品，往往会有惨痛的经历。

同时，基金募集机构要将基金产品或服务风险按照由低到高的顺序，至少划分为 R1、R2、R3、R4、R5 五个等级（表 1-3），产品或服务风险等级的划分也可以委托给第三方机构完成。

图1-3 基金产品或者服务风险等级划分参考标准

风险等级	产品参考因素
R1	产品结构简单,过往业绩及净值的历史波动率低,投资标的流动性很好,不含衍生品,估值政策清晰,杠杆不超监管部门规定的标准
R2	产品结构简单,过往业绩及净值的历史波动率较低,投资标的流动性好,投资衍生品以套期保值为目的,估值政策清晰,杠杆不超监管部门规定的标准
R3	产品结构较简单,过往业绩及净值的历史波动率较高,投资标的流动性较好,投资衍生品以对冲为目的,估值政策清晰,杠杆不超监管部门规定的标准
R4	产品结构较复杂,过往业绩及净值的历史波动率高,投资标的流动性较差,估值政策较清晰,一倍(不含)以上至三倍(不含)以下杠杆
R5	产品结构复杂,过往业绩及净值的历史波动率很高,投资标的流动性差,估值政策不清晰,三倍(含)以上杠杆

注:
1. 上述风险划分标准为参考因素,基金募集机构可以根据实际情况,确定评估因素和各项因素的分值和权重,建立评估分值与具体产品风险等级的对应关系,基金服务的风险等级应按照服务涵盖的产品组合的风险等级划分。
2. 基金服务指以销售基金产品为目的开展的基金推介、基金组合投资建议等活动。
3. 产品或服务的风险等级至少为五级,风险等级名称可以结合实际情况进行调整。
4. R4、R5杠杆水平是指无监管部门明确规定的产品杠杆水平。

注:表格中"风险等级划分参考标准"参考《基金募集机构投资者适当性管理实施指引(试行)》(中基协发〔2017〕4号)"附表3:基金产品或者服务风险等级划分参考标准"。

　　等级的划分是普通投资者与基金产品或服务的风险匹配的基础,以便在普通投资者的风险承受能力类型和基金产品或者服务的风险等级之间建立合理的对应关系,以达到"合适的产品卖给合适的投资者"的目的。

　　普通投资者从 C1 到 C5,对应可以投资的基金种类也越来越多。其中有一个类似"向下兼容"的原则(表 1-4),基金募集机构向投资者销售基金产品或者服务时,不得向普通投资者主动推介风险等级高于其风险承受能力的基金产品或者服务。

表1-4 投资者与产品的等级匹配表

投资者分类结果	投资者分级结果	可直接匹配的产品或服务风险等级
普通投资者	C1-最低风险等级	R1-低风险（且不得购买或接受其他风险等级产品和服务）
	C1-保守型	R1-低风险
	C2-相对保守型	R1-低风险、R2-中低风险
	C3-稳健型	R1-低风险、R2-中低风险、R3-中风险
	C4-相对积极型	R1-低风险、R2-中低风险、R3-中风险、R4-中高风险
	C5-积极型	R1-低风险、R2-中低风险、R3-中风险、R4-中高风险、R5-高风险
专业投资者	不细分评级	R1-低风险、R2-中低风险、R3-中风险、R4-中高风险、R5-高风险

在投资者实际购买基金的过程中，若是从基金代销机构购买，这些机构可能会有不一样的风险等级认定标准，例如有的机构将基金产品风险等级分为6个等级。如遇这类情况，投资者需要仔细阅读产品材料中的风险等级的事项。

之所以将公募基金产品做出不同的风险分类，主要是基金产品净值也会受到市场波动的影响，不同类型产品的预期风险也会有较大的差异。譬如股票和偏股混合型基金净值主要受到其持有的股票价格波动的影响，债券型基金净值主要受到持仓债券价格波动的影响，这些资产价格的短期波动有可能导致净值下跌，使得投资者可能出现短期亏损情况。

一般而言，产品预期风险由高到低排序如下：股票型基金＞混合型基金＞债券型基金＞货币市场基金。底层资产相同的产品，QDII基金相对境内的基金产品预期风险会更高，因为可能会牵涉到汇率的波动。

值得注意的是，《指引》强调了"买者自负"原则，而不是单方面强调"卖者尽责"。这意味着投资者在选择基金产品进行投资操作时，须知悉基金产品的风险等级（内在风险），并确认自身对后续所可能出现的风险拥有承担能力。

普通人适合投资基金吗？

"我适合买基金吗？"对于很多刚刚接触公募基金的个人投资者来说，这是一个常见的困惑。

这个问题背后通常有两层意思：其一，公募基金的投资门槛高不高，是否适合普通人？其二，走出"新手村"需要多长时间？

公募基金"专家理财"的标签，实际上主要针对基金公司。作为基金产品的提供者，需要从制度及人力资源方面建立较高的标准。对于投资者而言，公募基金类似于路边的快餐店，小到一个汉堡或者一杯可乐，都能获取较为标准化的产品和服务。

"普惠"的金融产品

第一个问题比较好回答，公募基金被公认为"普惠"的金融产品之一，门槛低，品类也很丰富。譬如，很多互联网平台购买基金"1 元起投"。

在经济经历了多年的高速增长之后，居民的腰包逐渐鼓了起来。根据国家统计局的数据，2022 年全国居民人均可支配收入 36883 元，比 2012 年的 16510 元增加 20373 元，累计名义增长 123.4%，年均名义增长 8.37%，居民收入增长与经济增长基本同步，2013～2022 年国内生产总值 GDP 从 51.947 万亿元增长到 121.0207 万亿元，年均名义增长 8.825%，居民人均可支配收入年均实际增速快于人均国内生产总值增速 0.5 个百分点。

对于大多数家庭来说，可选的投资理财方式无非是房产、股票、基金、银行理财、信托、保险、私募等。

在很长一段时间内，房地产为中国家庭所青睐。在城市化的过程中，房地产享受了一段高速增长的过程，持有房产也被居民视为保值增值的投资，以至于房产在中国家庭资产中所占权重极高。西南财经大学发表的《2018中国城市家庭财富健康报告》显示，我国家庭总资产配置中，房产占比高达77.7%，金融资产配置仅占11.8%。

不过，近年来居民资产配置结构逐步从房地产等实物资产转向金融资产。伴随着资本市场改革在不断深化，叠加"房住不炒"的政策基调，公募基金进入了高速成长的周期。

与其他金融产品相比，公募基金不仅门槛低，更重要的是产品透明度高。公募基金公司是我国监管规范、运作标准的资管机构。也正是因有规范透明的运作，其在"资管新规"实施以来，公募基金公司也成为增长强劲的金融机构。

走出新手村

中基协发布的《全国公募基金市场投资者状况调查报告》显示，个人投资者对于投资公募基金热情日益提升，主要资金来源为"从存款转入"和"新增收入"。

事实上，公募基金并不"高冷"。就像不少年轻人喜爱的余额宝，其实就是货币基金。除了可以作为现金管理工具的货币基金，还有其他一些产品的风险暴露程度较低。譬如短债基金也是回撤风险相对较小的品类，未来有望承接个人投资者部分闲钱理财需求，同时，在市场波动较大时，也有望作为个人投资者阶段性降低风险暴露的工具。

对个人投资者而言，目前获取基金方面常识的渠道较为多元化。在互联网基金销售的带动下，公募行业广泛参与对于投资者的"科普"，在基金买入之后，公募基金公司也越来越重视"陪伴"。用各种方式影响投资者认知和行为模式，帮助投资者树立长期投资理念，以改善投资者投资体验。这种逐渐"养成"的互动方式，成为行业的共识。

当然，监管也在督促公募基金公司及持牌销售机构，要求基金强化投资者适当性管理，践行"逆向销售"，例如有针对性地通过把握新基金发行时机、适时调整申购限额和分红节奏等举措，引导投资者在低点加仓、在高位止步等。在投资者教育方面，创新投资者陪伴方式，加大投资者保护力度也是值得长期坚持的行为。

公募基金快速发展、结构优化，资本市场买方功能及普惠金融作用进一步彰显。截至 2021 年年末，居民持有 53.94% 的公募基金资产，较 2019 年年末增加 6 个百分点，公募基金服务百姓理财的广度和深度明显提高。[1]

从基金的开户数据来看，越来越多的年轻人开始尝试投资公募基金，这也是公募基金正在"飞入寻常百姓家"的重要标志。

此外，也有不少公募基金公司与渠道在向"买方投顾"的模式转型。买方投顾转型将投资顾问与客户利益进行深度绑定，有利于推动基金公司关注产品的长期业绩表现，将适度抑制并进一步扭转投资者追涨杀跌行为，推动基金投资生态的变化。

---

1. 参见中基协编著：《中国证券投资基金业年报 2022》。

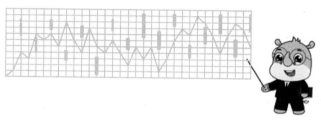

小犀课堂

本章是全书的第一章，我们系统简练地介绍了公募基金的基础知识，包括其发展简史、主要种类、安全性、盈利性、风险种类等，从中可以理解公募基金为何能够发展成为"国民投资品"，且基民的人数已大大超过股民。经过本章的学习，相信你已经对公募基金有了初步的了解。下一章我们将详细解读各大类基金，它们的风险和收益差别很大，你可以根据自己的实际情况，选择适合自己的基金。

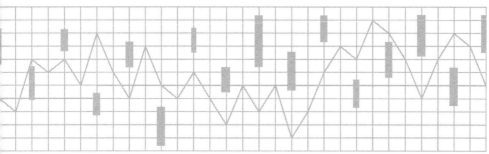

Part 2
基金的种类

货币基金：逆袭的后浪

货币基金是少有的在流动性、灵活性方面可与活期存款相媲美的理财工具，其申购赎回非常方便、投资门槛远低于银行理财产品、风险低、按日计算收益，特别适合日常生活中的闲钱投资，被称为"全民理财神器"。

中基协的数据显示，截至 2023 年三季度末，公募基金管理规模约 27 万亿元，其中货币基金就超过了 11 万亿。

其实，不论是在中国还是在其他资本市场，货币基金都是后起之秀，其发展壮大堪称一部逆袭史。

货币基金的逆袭之路

货币基金始于 20 世纪 70 年代初，在美国利率市场化过程中，被誉为共同基金历史上最伟大的发明。

由于货币市场基金风险低、流动性好，通过以下机制设计，基金管理公司将货币市场基金的功能从投资拓展为类似货币的支付功能：

（1）每个交易日办理基金份额申购、赎回；

（2）在基金合同中将收益分配的方式约定为红利再投资，并每日进行收益分配；

（3）每日按照面值（一般为 1 元）进行交易。

在美国等发达市场，货币基金兼具银行储蓄和支票账户的功能，投资者可以根据货币基金账户余额开出支票用于支付，甚至可以在自动取款机 (ATM) 上从货币基金账户中提取现金。1999 年全球知名的网上支付公司 Paypal 设立了账户余额的货币基金，用户只须简单地进行设置，存放在 Paypal 支付账户中不计利息的余额就将自动转入货币基金，从而获得收益，堪称互联网金融的创举。

美国货币基金总规模迅速扩张，从 1977 年的不足 40 亿美元到 1998 年突破 1 万亿美元，2001 年又达到 2.29 万亿美元，到 2008 年全球金融危机前已发展至 3.5 万亿美元规模。2008 年全球金融危机中，由于所持有的商业票据等货币市场工具出现大量的损失，美国一些货币基金净值跌破 1 美元。

据 ICI 数据，截至 2022 年年底，美国货币市场基金规模接近 6 万亿美元。

我国最早的货币基金成立于 2003 年 12 月，华安现金富利基金、招商现金增值基金、博时现金收益三只货币基金分别获得中国人民银行和中国证监会批准，我国货币基金开始出现。

货币基金出现之后的 10 年间，发展非常缓慢，个人投资者对其认知不足，因此其参与者仍以机构与大户投资者为主。

2012 年年底，国内首只场内"T+0"货币基金——汇添富收益快线货币基金发行。场内"T+0"货币基金是上海证券交易所、中国证券登记结算公司和基金公司共同推出的证券市场重大创新，在证券市场史上让货币基金首次实现了场内 T+0 实时申赎。

货币基金"T+0"机制，让货币基金有机会与银行活期存款相媲美。2013 年 6 月，余额宝（全称为：天弘余额宝货币市场基金）正式上线。余额宝让货币基金与第三方支付之间"双向奔赴"，迅速风靡，一年时间

用户破亿，到 2023 年二季度末持有人户数达 7.46 亿户。[1]

余额宝在之前货币基金的基础上，做了很多创新。时至今日，这些改造和创新，已经成为整个基金行业中货币基金的标配。

目前，货币基金已成为国内基金投资者最为常见的基金理财类型，除了余额宝，还有微信零钱通以及银行的各种"宝"，都属于货币基金。

中国货币基金迅速扩张的这几年，与当年美国货币基金大发展的阶段颇为类似，都出现在向利率市场化转轨的过程中。值得注意的是，美国的货币基金在利率市场化完成后，逐渐沦为配角，占比不断下降，目前美国共同基金以权益基金占主导地位。

买货币基金的小技巧

由于货币基金申赎方便，且安全性相对较高，很多投资者投资时较为随意。其实，购买货币基金，也是有技巧的。

（1）选择买入时机

一般来说，市场资金面紧张时，短期债券、大额存单等现金类资产就会出现市价的下跌，主投这些资产的货币基金收益率就会上涨。因此，如果投资者在市场资金面紧张的这段时间，没有投资货币基金，就会错失这段时间的较高收益。

通常来看，季末、半年末和年末这样的时点，都是资金面容易出现紧张的时点。可以关注上海银行间同业拆借利率（Shanghai Interbank Offered Rate，简称 Shibor），一般来说，Shibor 越高，就代表货币基金

---

1. 参见相关基金公司季报数据。

的收益也越高。

还有一个时间点要注意，就是尽量避免在下午 3 点以后申购货币基金，因为下午 3 点后申购会算到下一个交易日，也就是如果你周三下午 3 点后申购了某货币基金，跟周四买入没有什么差别了。

另外，货币基金都是买入后，到下一个交易日才开始获取收益。也就是说，如果投资者周五买入，会延迟到下周一才开始算收益，所以要尽量避免在节假日的前一天申购货币基金。

（2）关注赎回限额

一般来说，投资者购买货币基金主要是为了打理随时可能要用的短期资金，因此，相对于收益高低来说，投资者可能更关注货币基金的申赎是否方便。货币基金每天即时赎回是有限额的，普通赎回需要 1～2 个交易日时间才能到账，如果急用钱，需要提前安排。有些货币基金设置了每日赎回限额，如果该基金今天的限额已经用完，超出的赎回申请就会自动顺延到次日。

（3）关注基金持有人结构

投资的过程中，投资者要尽量避免机构持有比例过高的货币基金。因为一旦市场有钱荒，机构们可能会一同赎回，该货币基金将被迫抛售资产，可能造成损失。所以应该选择机构、散户比例较为均衡的货币基金，或者选择以散户为主的基金。基金定期报告中可以找到基金持有人结构的信息。

货币基金作为国民理财的顶流产品，发展至今依旧方兴未艾，是投资者管理短期资金的上佳选择。而对于追求更高风险更高回报的投资者，后文将继续介绍其他类型基金。

债券型基金：机构是投资主力

我们知道，债券型基金（下文简称：债券基金）应将资产的 80% 以上投资于债券。因此，要了解债券基金，先得搞清楚债券是怎么回事儿。

所谓债券，是社会各类经济主体为直接筹措资金而向投资者出具的、承诺按照一定利率支付利息并到期偿还本金的债权债务凭证。在国内，债券基金的投资对象主要是政府债券（国债和地方政府债）、金融债券（金融机构发行）和公司债券（公司发行）。

投资者要直接投资债券，是有一定门槛和难度的。随着债券种类日益多样化，要进行债券投资不但要仔细研究发债实体，还要判断利率走势等宏观经济指标，投资者往往力不从心。而基金公司更有实力对债券进行深入研究，并且可以对不同的债券进行投资组合，降低风险。而且债券市场对个人投资者的资金要求很高，普通投资者很难跻身其中。

另外，如果投资于非流通债券，只有到期才能兑现，而通过债券基金，则可以随时将持有的债券基金转换或赎回。

因此，通过债券型基金投资债券对普通投资者来说非常有吸引力。由于债券大多约定好了期限和收益率，一般来说其风险低于股票，所以债券基金与股票基金相比，具有收益相对稳定、风险相对较低的特点；而与货币基金相比，债券基金的投资期限更长，收益也更高。

债券基金并非包赚不赔

2022年11月，多只债券基金出现了较为罕见的单日下跌幅度，投资者本想购买债券基金图个"稳稳的幸福"，没想到债券基金也会出现大幅回撤。

对于净值大幅回撤的原因，简单来说就是，作为债券基金投资标的的债券，当时价格调整比较大，所以，市场上的债券基金表现都不太好。在这种情况下，叠加投资者恐慌性的大规模赎回，基金不得不在债券市场低迷的时候不断卖出，导致债券价格出现下跌，从而使债券基金净值出现回撤。

那么问题来了，债券市场为什么会有"较大调整"呢？

一般来说，随着经济形势好转，货币政策会逐渐收紧，市场利率会上升，从而对债券价格和债券市场产生冲击，最后表现为债市下跌。

上述多只基金下跌前的一段时间，由于宏观环境变化、地产政策持续放松，市场上的中长期经济悲观预期明显扭转，与此同时，资金利率边际上行，多方因素影响之下，债券市场出现较大调整。

所以，虽然债券基金总体风险较低、收益相对稳定，但上面这种情况也会发生，投资者不可忽视。

投资者买债券基金时，可以查看基金的详情页或定期报告，里面可以看到它的资产结构。总的来说，以政府为发债主体的利率债风险最低，其次是金融机构发行的金融债和企业发行的信用债。一般来说，风险低的债券，其收益也比较低。

如何判断金融债和信用债的风险呢？可以参考债券评级机构给予的评

级。根据《中国人民银行信用评级管理指导意见》，按照风险由低到高的排序，债券评级分别是 AAA 级、AA 级、A 级、BBB 级、BB 级、B 级、CCC 级、CC 级、C 级，此外，还可以用"+""-"符号进行微调，代表比原等级略高或略低。[1]

机构客户是债券基金主力

根据中国银河证券基金研究中心的数据统计，2021 年年末债券型基金是机构投资者持有份额最多的品种，也是机构投资者持有比例最高的品种，占比高达 87%。[2]

为什么机构偏爱债券型基金呢？

机构资金的大多数是银行和保险的资金，一般情况下，债券基金比货币基金收益高，比股票型基金波动小，跟银行、保险等金融机构投资的需求比较契合。因此，机构投资者一直都是债券型基金的投资主力。

相对来说，银行理财的投资者群体风险厌恶型居多，因此，其投资以固定收益为主，货币基金和债券基金居多。银行自有资金投资，一般以固定收益产品为基础，外加一些外汇及其他手段来增强收益。

保险资金可投产品久期更长，银保监会对于险资的投资方向有明确规定。根据保险公司偿付能力充足率、资产负债管理能力及风险状况等指标，各保险公司权益类投资的最高比例可为 10%～45%。中国保险资产管理业协会编写并发布《中国保险资产管理业发展报告（2022）》显示，截

---

1. 参见《中国人民银行信用评级管理指导意见》。
2. 参见中基协：《中国证券投资基金业年报（2022）》。

至 2021 年年末，我国保险公司资产配置结构仍以固定收益类为主，占比 56.23%；权益类资产（含股票、长期股权投资、股票及混合型基金、权益及混合类的组合类保险资管产品）占比 23.12%，2021 年保险公司综合收益率整体集中于 5.5% 以内。

债券基金应该怎么买？

在购买债券基金之前，普通投资者首先要弄明白自己的风险承受能力。尽管债券基金的整体风险较低，但某些类型的债券基金，其投资策略与权益市场挂钩，当股市不好的时候，这类债券基金的风险也会提高。如果投资者的风险偏好较低，那么纯债型的债券基金可能更适合；有一定风险承受能力的投资者，也可以考虑参与股票二级市场的二级债券基金，以及可转债券基金。

选好了自己想买的基金类型，那具体怎么选择基金呢？总的来说，投资者不能只看 1 个月、3 个月的短期业绩，而要看 1 年、3 年甚至 5 年的长期业绩。短期业绩有一定的偶然性，而长期表现在同类中排名前列的基金，则经历了时间的淬炼。

债券基金目前虽然机构是主力，其实也适合风险偏好不高、追求超过货币基金收益率的普通投资者。

股票型基金：锋利的矛

所谓股票型基金，就是 80% 以上的基金资产投资于股票的证券投资基金。在中国的公募基金市场，股票型基金是颇受关注的品种。

投资者之所以不自己买卖股票，选择购买股票型基金，主要是担心自己不会挑选股票，通过基金公司的专业管理让投资更轻松，同时更好地分散风险。

但不少基民却发现：买基金也会亏钱。那么，投资者购买股票型基金，需要注意哪些方面呢？

股票型基金的投资策略

根据晨星公司的分类，按照基金投资股票的价值－成长风格可将股票型基金分为价值型、成长型和平衡型三种。投资者可以根据自己的投资风格和风险偏好来选择。

价值型基金多投资于发展进入稳定期的行业，如公用事业、金融业等，偏保守的投资者可以选择价值型的股票基金。

成长型基金的投资对象主要是市场中有较大升值潜力的行业和公司，成长型基金更适合风险承受能力较高的投资者。

平衡型基金则处于两者之间，风险和收益相对适中，稳健的投资者可以选择平衡型的股票基金。

在判断基金投资风格的时候，不能只看基金名称，还要看它的持仓构成、业绩比较标准、是否限定投资范围等信息。一只基金在运作的过程中，会随着市场行情的轮动及基金经理操作风格的变化，不断调整持仓股票。

基金的持仓构成很容易查到，点开这只基金的基本信息就能查到"前十大重仓股"。研究一下这 10 只股票的特点，可以大致判断该基金的投资风格，需要注意的是，公募基金规定每个季度都需要披露前十大持仓，在半年报和年报则披露所有持仓。需要注意的是，基金持仓的信息披露有一定时滞。

为什么建议长期持有？

股票型基金是通过投资不同数量的个股来构建投资组合，从而达到分散风险、赚取收益的目的。

基金不适合短期持有，主要有三个原因：

首先，基金的短期交易成本比股票高很多。把基金当股票炒，手续费的比例高得多，关于手续费的问题，我们将在第三章专节分析，兹不赘述。

其次，买股票择时难，买基金择时同样很难。买基金就是把钱交给专业的人做专业的事，让基金经理代替投资者去研究行业和公司，选择股票，把握投资方向。基金由于是分散性投资，公募基金的净值变化源自一揽子持仓的表现，基金的未来表现事实上比上市公司股价更难做出预判，更不适合短期炒作。

最后，股票型基金的长期收益不低，之所以"基金赚钱，基民不赚钱"，其中一个因素是基民的短期行为导致。实际上，如果把时间周期拉长，长

期投资股票基金收益并不差。

经过多年的理念宣讲，基民已经颇具长期投资意识。从总体来看，单只公募基金持有期为 1～3 年的个人投资者占比最大，为 34.9%；平均持有时间为 3～5 年和 5 年以上的个人投资者的比例分别为 11.5% 和 9.6%。以上持有单只公募基金平均时间在 1 年以上的投资者总计占比 56.0%。[1]

如何选择股票型基金？

第一、尽量选投研品牌出色的基金公司。完备的投研团队就是对基金产品质量的保证。

第二、要了解基金经理的背景，包括学历和从业履历、投资风格，尤其是管理基金的时间，管理时间越长，越能验证其投资风格是否稳定。

第三、看中长期业绩。投资者对待股票基金很容易陷入买卖股票一样的短期行为，追涨杀跌，因此，对股票基金，投资者尤其要注意避免短期行为，重点要关注其长期业绩。很多短期火爆的股票基金，长期来看，可能大涨大跌，投资者持有体验比较差，且长期收益也没有保障。股票基金，建议投资者关注一年以上的长期业绩，淡化对半年以下短期业绩的追求。

第四、看手续费。其他条件相同的情况下，费用低的基金能降低投资成本。

---

1. 参见中基协：《全国公募基金市场投资者状况调查报告 2020 年度》。

QDII基金：不用出国、投资全球

A股和海外股市的涨跌常常并不同步。比如，A股低迷的时候，美股可能正是大牛市，那投资者有什么办法可以投资海外市场吗？

我们知道，普通投资者如果没有海外股市的账号，也没有多少外汇额度，想投资海外股市难度非常大。

在此背景下，QDII应运而生。所谓QDII（Qualified Domestic Institutional Investors，合格境内机构投资者）制度，是经过国家批准并在一定条件内允许部分境内机构投资境外资本市场的一项过渡性质的制度，其目的是进一步开放资本市场、鼓励国内投资者走出国门进行投资并获取海外市场收益。相对应的证券投资基金就是QDII基金。

QDII基金的诞生及发展

我们可以把QDII基金理解成海外代购，普通投资者可以直接用人民币购买QDII基金，这些合格的机构投资者用募集到的钱去海外投资。

QDII基金于2006年在我国启动，允许保险公司、银行、信托公司、基金和证券公司等五类中国实体在国外投资。开展QDII基金业务的金融机构必须首先获得各自行业监管机构的资格审批，并由外管局审批每个参与者允许的投资额度，一旦获得批准，金融机构就可以为自己或代表零售客户在特定的海外市场投资股票、固定收益和衍生品。

QDII 基金自 2007 年下半年正式面世，首批 4 只 QDII 基金分别为南方全球精选配置、华夏全球股票、嘉实海外中国股票混合和上投摩根亚太优势混合，这标志着境内投资者开启全球化资产配置的征程。

2008 年上半年，随着全球金融危机的演变，QDII 基金的发行规模都不是很大，2008 年下半年金融危机最严重的时刻，QDII 基金暂停发行。2009 年仅有 1 只 QDII 新产品基金发行。

直到 2010 年以后，全球宏观经济逐渐好转，在海内外股市反弹的助推下，QDII 基金的新发市场才重新步入正轨。在随后的几年，QDII 基金逐渐建立起自己的操作风格，整体上获得不错的收益。[1]

据中基协的数据，截至 2022 年二季度末，公募基金管理的 QDII 基金资产管理规模达 3070.26 亿元，这也是该类基金规模首次突破 3000 亿元。而截至 2023 年 9 月末，公募基金管理的 QDII 基金规模已达 3812.63 亿元。

通过 QDII 基金"代购"海外资产非常便捷。基金公司发行了各种 QDII 基金产品，美股涨的时候可以投资美股，港股强劲的时候又可以转战港股，也可以购买海外债券、基金、权证、期权、期货等资产，目前，投资港股和美股的 QDII 基金较为常见。

普通投资者自己出境投资是非常困难的，通过 QDII 基金投资非常便捷，不需要投资者单独开立投资账户，投资门槛也比较低。

QDII基金的投资策略

搜索基金申购平台的 QDII 基金，会发现这些基金的名字里面既有不

---

1. 摘自中基协组编的《证券投资基金》第二版教材。

同市场的名字，比如纳斯达克、标普、恒生、日经等，又有股票、债券、黄金、原油等不同资产，还会有"人民币份额"和"美元份额"的区别，投资者应该如何选择呢？

（1）地区和资产类别的选择

QDII 基金的名字中一般都会讲明其投资范围，比如"全球医药行业""全球成长""亚洲精选""标普 500""标普消费品""标普生物科技""标普信息科技""恒生科技""恒生国企""日经 225""纳斯达克 100""海外中国互联网"等。

一般情况下，如果有"全球""环球""海外"等字样，说明它是在全球范围内配置相关股票；"亚洲"则表示该基金只投资亚洲地区的资产。投资者可以查看基金的详情页信息、基金合同或者定期报告，看其中的投资范围和业绩比较标准，了解其投资标的构成。

"标普 500"指的是标准普尔 500 指数，这个指数由标准普尔公司创建并维护。标普 500 指数覆盖的所有 500 家公司，都是在美国主要交易所，如纽约证券交易所、纳斯达克交易所的上市公司。该指数具有采样面广、代表性强、精确度高、连续性好等特点，是各家基金公司 QDII 基金产品的常用标的。"标普消费品"就是标普指数中的消费品公司，以此类推。

"纳斯达克 100"，是由美国纳斯达克交易所上市的 100 只成分股编制的指数。这些成分股均具有高科技、高成长和非金融的特点，堪称美国科技股的代表，包括苹果、微软、谷歌、思科、英特尔等诸多知名公司。所以，投资者如果想投资美国的科技巨头，可以关注纳斯达克 100 的 QDII 基金。

"恒生科技"是投资港股的科技股票，其中包括腾讯、美团、小米等

知名企业。"恒生国企"投资的是在香港上市交易的市值大、流动性好的中国内地企业，一般包括中字头的工行、建行、中行、中移动等巨头。

QDII 基金名字中如果出现的是"债券""票息""稳健配置"等字眼，一般是投资固定收益类资产的基金。如果是"高收益""精选""股票""价值""策略"等词汇，这些基金往往以投资股票为主，风险相对较高。而风险相对更高的是名称中有"原油""黄金""商品""资源"这样的基金，这类基金一般投资于国际大宗商品，其价格受国际政治、经济、外交乃至军事等诸多因素影响，波动幅度较大，普通投资者如果对这类资产不太了解，建议谨慎投资这类 QDII 基金产品。

（2）美元份额和人民币份额

QDII 基金分为人民币份额和美元份额。如果 QDII 基金名称中包含"人民币"字样，投资者只须支付人民币即可申购，基金公司会将投资者的人民币换成美元再去投资；如果 QDII 基金名称中包含"美元"字样，则需要投资者用美元申购。

购买 QDII 美元基金需要投资者以美元现汇或者美元现钞的方式进行支付，需要使用个人投资者每年 5 万美元的外汇额度，然后基金公司直接使用美元进行投资。

这里就会出现外汇额度不够用的问题，不但个人的 5 万美元可能不够，基金公司也有外汇额度的限制，如果基金公司的外汇额度用光了，其QDII 基金就只能暂停申购。

另外，投资者也可以选择跨境 ETF 来投资海外市场。常见的跨境 ETF 基金，比如各家基金公司发行的纳斯达克 ETF、中概股 ETF、标普 500ETF 等，跟股票的买卖操作一样，非常方便，由于是指数化投资，一般费率也较低。

当然,这些场内的 ETF 基金,背后也是基金公司通过 QDII 制度出境投资的。

需要注意的是,人民币份额和美元份额的 QDII 基金,其每天的净值会略有差异。人民币份额的净值计算,会把汇率变动计算在内,如果人民币兑美元贬值,人民币份额的净值就会相应上涨。美元升值越多,QDII 基金的收益率就越高。美元份额的基金,申赎都用美元计价,不存在汇率问题,在计算净值时,只考虑资产实际价值的变动。

事实上,QDII 基金绝大部分是以人民币计价募集的,少部分以美元计价募集。QDII 基金要面对证券市场和外汇市场的双重波动。

仅从汇率的角度考虑,理想的情形是在人民币升值到顶点的时候申购 QDII 基金,因为这时候同样的人民币可以申购到最多的外币资产份额;而在人民币贬值到低点的时候赎回,因为这时候折算的人民币金额最多。但对于个人投资者而言,很少能有驾驭汇率的能力,所以 QDII 基金投资的汇率风险需要多加考虑。

QDII 基金的申购费、管理费、托管费略高于其他类型的基金,一般分别为 1.6%、1.8%、0.35%。当然,不同基金公司收费并不统一,不同类型的 QDII 基金收费也有差别,主动管理类 QDII 基金收费更高。

另外,QDII 基金的交易时间不同于普通基金。QDII 基金投资涉及汇率差异和时差,加上跨境管理和清算有一定的流程和难度,因此,其申购和赎回时间比普通基金更长一些。

申购份额的确认一般是 T+2,赎回只能从 T+3 开始。赎回到账的时间一般在 10 个工作日左右。由于时差的关系,投资欧美股市的 QDII 基金的净值公布时间要比普通公募基金晚 1 个工作日,投资港股的 QDII 基金则与普通基金同步。

QDII 基金只有在 A 股和该基金所投资的当地市场同时开市的日子，才可以进行申购赎回，只要一方是节假日或暂停，该 QDII 基金的申赎都将暂停，这也导致 QDII 基金的申赎时间更长。

总的来说，QDII 基金的购买途径跟其他基金一样，非常方便。由于投资者普遍对海外资本市场不太熟悉，建议认真阅读 QDII 基金的公开资料，了解清楚其投资的地区、资产和风险水平等信息，再做出适合自己的选择。

FOF基金：专业的基金买手

FOF（Fund of Funds），字面意思就是"基金中的基金"，是指以其他证券投资基金为投资对象的基金，其投资组合由其他基金组成。

FOF 是基金市场壮大发展到一定阶段的产物，这类产品的基本特点是将大部分资产投资于"一篮子"基金，而不直接投资于股票、债券等金融工具。在合理的投资操作下，这一投资模式大多伴随投资标的分散化以及波动相对偏低的特点，同时能够帮助投资者解决基金挑选的难点。

在基金发达的国家，如美国，FOF 已经成为一类重要的公募证券投资基金。

FOF简史

FOF 起源于 20 世纪 70 年代的美国，当时在美国出现了投资于一系列私募股权基金的基金组合。数年后，全球最大的资产管理公司之一的先锋基金率先推出了类似于我们当前公募 FOF 产品的共同基金 FOF。

公募 FOF 产品在美国的发展历程并非一帆风顺，1990 年美国仅有 20 余只该类产品，总规模不到 15 亿美元。2002 年开始，公募 FOF 产品在美国进入了飞速发展的阶段，每年都有大量资金流入其中。

截至 2015 年年底，美国共有超过 1400 余只公募 FOF 产品，资产规模超过 1.7 万亿美元，占到美国整体公募资产管理规模的 10% 以上。

美国的 FOF 产品进入 21 世纪后的迅猛发展与股市大幅上涨息息相关。在信息技术以及经济转型的拉动下，美国股市于 20 世纪 90 年代加速上涨并屡创新高，使得对应的基金数量也大幅上升，基金业的发展进入"井喷"阶段，近一半的美国家庭持有基金。这使得选择基金的难度逐渐加大，也使得 FOF 产品的扩张成了必然趋势。

除此之外，养老需求也是美国 FOF 产品扩张的主要推动力。由于养老金投资以稳健为第一目标，使得分散化投资以降低风险的重要性日益突出，而分散投资正是 FOF 基金的主要特点之一。鉴于此，美国政府于 20 世纪 90 年代开始逐渐加强对 FOF 产品的法律支持，通过税收优惠以及放松限制等措施为 FOF 业务的爆发奠定了基础。[1]

除了美国外，FOF 产品在欧洲和我国香港及台湾等其他金融市场也都呈现业务扩张的态势。相比之下，中国内地的公募 FOF 产品起步相对较晚，但未来发展的空间也更为巨大。

内地的首只 FOF 直到 2005 年才出现，是由招商证券发行的证券型私募 FOF 基金，此后，陆续有券商加入 FOF 发行的行列，不过当时的 FOF 在投资基金的同时还可以投资二级市场，这一时期的 FOF 大多以私募和理财计划的形式存在。此时的 FOF 跟投资者所说的公募 FOF 尚有很大区别，它不需要定期披露持仓，公布净值的周期也与公募基金完全不一样，甚至投资范围也很模糊。

2016 年 9 月 11 日，中国证监会发布《公开募集证券投资基金运作指引第 2 号——基金中基金指引》，明确规定公募 FOF 以公募基金份额为主要投资对象，且最低基金仓位不低于基金资产的 80%，另有 20% 可由基金

---

1. 详见中基协组编的《证券投资基金》第二版教材。

管理人主动投资股票或债券，持有单只基金的市值，不高于 FOF 资产净值的 20%，且不得持有其他 FOF。

2017 年 9 月，中国第一批公募 FOF 基金才正式对外发行。经过 5 年的发展，根据国金证券研究所的统计数据，截至 2022 年年底，中国的公募 FOF 基金有 383 只，规模合计 1927 亿元。

FOF基金的主要类型

按照投资基金种类的不同，FOF 可以分为以下五类。

（1）**股票型 FOF**：80% 以上的基金资产用于投资股票型基金（包括股票指数基金）。

（2）**债券型 FOF**：80% 以上的基金资产用于投资债券型基金（包括债券指数基金）。

（3）**货币型 FOF**：80% 以上的基金资产用于投资货币基金，且剩余基金资产的投资范围和要求应当与货币基金一致。

（4）**混合型 FOF**：可以同时投资股票型基金、债券型基金、货币型基金且对单一投资品种没有 80% 的仓位限制。

（5）**其他类型 FOF**：80% 以上的基金资产投资于其他某一类型的基金，如期货、黄金等。

目前，在所有的 FOF 基金中，混合型占了绝大多数。因为混合型 FOF 基金对投资单一品种仓位限制较少，能够最大限度地发挥大类资产配置的作用。混合型基金又分为偏债混合型、（股债）平衡混合型、偏股混合型三大类，其风险等级依次增加。

投资FOF基金的优势

FOF 产品的主要目标是通过资产配置来分散风险、平滑波动、改善组合风险收益比，更适合追求资产中长期稳健增值的投资者。投资者应评估自己的预期收益、投资期限、风险承担能力等，然后匹配与之适合的产品。

另一方面，截至 2022 年年底，市场上的公募基金的数量已经超过 1 万只，远超 A 股市场股票数量，基金经理的投资风格多种多样。对于没有时间和精力筛选和跟踪基金的投资者，FOF 是更省心的选择。

总的来说，FOF 基金具有以下核心优势。

（1）**分散投资风险**

投资基金本来就比直接投资股票更加分散，而 FOF 基金同时买了多只基金，风险更加分散化。

根据"美林时钟"理论，经济周期的不同阶段，各大类资产的表现也呈周期性变化，没有哪一类产品可以长盛不衰。FOF 基金可以针对投资人不同的风险偏好，顺应宏观经济周期，及时捕捉机会、调整大类资产配置，分散风险。这也是 FOF 最大的优势。

另外，资本市场的风格转换很快，不同市场风格使得投资策略表现差异较大。普通投资者缺乏相关专业知识，难以及时发现市场风格的转变。而 FOF 机构长期跟踪市场，与各种策略的基金管理人保持密切沟通，更能根据市场热点的切换，选择相应的基金产品。

（2）**降低投资难度**

面对众多的基金品种，以及五花八门的基金名称，普通投资者没有相应渠道和能力深入了解各基金产品的投资逻辑，无法精准识别其风险情况及其背后的投资原理，想要单纯通过自己的判断有效地进行产品筛选难度非常大。

通过专业的 FOF 机构来挑选并建立基金投资组合，专业度更高，基金业绩有望更有保障。

（3）降低投资门槛

为了分散风险，投资者往往希望将资金委托给多个基金管理人进行管理。由此，投资人需要购买多个基金产品，要求的资金门槛就更高。FOF 基金降低了投资者的组合投资门槛，用较少的资金即可分散投资于多家优质基金管理人的产品。

总体来说，FOF 基金能够帮助投资者以小资金进行多维度资产配置，平衡各市场风险，特别适合投资期限较长、收益预期理性，且对风险控制要求较高的投资者。

投资FOF基金需要注意的地方

（1）注重风险收益的配比

高风险对应高收益、低风险对应低收益。FOF 基金由于分散投资、分散风险，因此，跟单纯的权益类基金相比，FOF 基金的收益不算高，跟债券基金相比，FOF 又具有力争权益收益的潜力。

总的来说，FOF 基金更注重风险收益的配比，在牛市的时候努力做到跟住市场，在熊市的时候则尽量规避下跌风险，带来更高的风险收益配比。

（2）持有期限长

FOF 基金通常会设置一定的最短持有期限，短则三个月，长至数年，

最短持有期到期之后，基金份额持有人方可提出赎回申请。

为了满足 FOF 基金投资的流动性需求，FOF-LOF 被创新了出来。LOF 基金，英文全称是"Listed Open-Ended Fund"，也叫"上市型开放式基金"，上市型开放式基金发行结束后，投资者既可以在指定网点申购与赎回基金份额，也可以在交易所像操作股票一样买卖该基金，从而避免了"最短持有期限"的问题。

投资者选择 FOF，应以自己的风险承受能力和收益预期为基准，根据 FOF 的产品特征，结合基金管理人的情况进行综合考量，筛选出适合自己的产品。

（3）费率结构较为复杂

FOF 主要投资的是基金，所投基金也会收取申购费或销售服务费、赎回费、管理费、托管费等，所以 FOF 存在双重收费的问题。

为了尽量降低双重收费的影响，监管规定 FOF 投资于自家基金的部分，免除 FOF 本身的管理费，以及这部分所投基金的申购费、赎回费（应记入基金财产的赎回费除外）、销售服务费，如果所投基金的托管人和 FOF 托管人是同一家，那么这部分 FOF 托管费也可以免除。

另外，FOF 投资的底层基金通常资金起点较高，相较小额投资者，一般能够拿到更优惠的费率。因此，总的来说，FOF 的总费用或许并没有高很多。

养老目标基金：养老利器

上一节讲到，美国 FOF 的飞速发展有一个触发因素，就是美国大力发展养老金计划，养老 FOF 在美国也被称为"生命周期基金"，迄今仍是美国 FOF 的主要产品。

翻开我国各基金公司的 FOF 产品，其中有"养老"两字的就是养老目标基金（养老行业主题基金除外），可以看出，养老目标基金是公募 FOF 绝对的主力。

养老目标基金，指的是以追求养老资产长期稳健增值为目的，在合理控制投资组合波动风险的基础上采用科学资产配置策略进行投资的证券投资基金。养老目标基金的设计理念是为投资者提供一个长期养老的渠道，储备充足的养老资金，以提高退休后养老生活质量。

庞大的养老金需求

根据 1956 年联合国《人口老龄化及其社会经济后果》确定的划分标准，当一个国家或地区 65 岁及以上老年人口数量占总人口比例超过 7% 时，则意味着这个国家或地区进入老龄化社会；比例达到 14% 即进入"深度老龄化社会"；比例达到 20% 则进入"超高龄社会"。2000 年时，我国的 65 岁及以上人口占比达到了 7%，开启了老龄化社会。随着老龄人口的持续上升，根据国家统计局公布的 2021 年最新数据，65 岁及以上人口占比首次超过了 14% 的深度老龄化社会的标准线，说明我国已正式进入了深度老龄

化社会。

为了应对汹涌而来的人口老龄化，我国在城乡居民社会保险制度的基础上，借鉴了国际通行的"三支柱"养老金体系。

"三支柱"养老金概念是由世界银行在 1994 年提出的，第一支柱是国家责任的基本养老保险，具有强制性，旨在保障老年人基本生活；第二支柱是企业雇主发起的职业养老金计划,定位是"补充养老"及"雇员福利"；第三支柱是个人或家庭自主自愿参与的养老储蓄计划，政府提供税收激励。

"第三支柱"作为我国养老保险制度的重要补充，在中央顶层设计的基础上，正在受到市场空前的关注。目前的"第三支柱"是由商业银行养老理财、养老目标基金、个人税收递延型养老保险等产品构成的个人养老支柱。我国养老金体系以第一支柱为主，第三支柱占比相比欧美发达国家明显较低。养老目标基金作为新兴第三支柱的重要力量，近些年开始蓬勃发展。（图 2-1）

图2-1 中国的养老保险体系"三支柱"

中国三支柱养老体系						
第一支柱：基本养老保险		第二支柱：企业养老金		第三支柱：个人养老金		
职工基本养老保险	城乡居民基本养老保险	企业年金	职业年金	商业养老保险	养老FOF	养老理财产品

数据来源：上海证券基金评价研究中心。

公募 FOF 兼顾了收益和安全，符合养老目标基金的理念。因此，证监会 2018 年 3 月 2 日正式颁布《养老目标证券投资基金指引（试行）》（以下简称《指引》），明确养老目标基金应当采用 FOF 的形式或中国证监会认可的其他形式运作。

2018 年 9 月，我国第一只养老 FOF 正式发行，随后养老 FOF 产品不断涌现，公募 FOF 的发展也因此迈入快车道。目前各类金融机构都对养老投资十分关注，不仅银行、保险公司、银行理财子公司等在积极布局养老投资，各大公募基金公司也在不断丰富自身养老 FOF 产品线。

2022 年 11 月，证监会批准个人养老金享受税收递延等优惠，符合条件的基金公司适时推出养老 FOF 的 Y 类份额，迎合这部分个人养老金的投资需求。所谓 Y 份额，指的是现有养老基金专设的对应税率优惠的个人养老金的品种。Y 份额的基金持有人，不仅将享受税延优惠，而且在费率方面也有"折半"优惠。需要注意的是，这部分"个人养老金"需要开立专门个人养老账户、封闭运作，满足领取条件的时候才能取出。

养老FOF更加重视安全性

养老 FOF 承担着国家养老体系第三支柱的部分职能，其安全性和稳定性至关重要。正因如此，证监会发布的《指引》对养老 FOF 的基金管理人提出了较为严格的要求。

其中，被投资的子基金需要满足"运作期限不少于 2 年""近 2 年平均季末基金净资产不低于 2 亿元"等条件；养老 FOF 的基金经理需要 5 年以上的金融行业投资研究经验，其中至少 2 年证券投资经验，或者具备 5 年以上养老金或保险资金资产配置经验；养老 FOF 的基金公司需要成立满 2 年，近 3 年平均非货币基金规模大于 200 亿元，投研团队不低于 20 人，其中至少 3 人符合养老目标基金经理条件等。

《指引》规定，养老目标基金应当采用定期开放的运作方式或设置投资人最短持有期限。养老目标基金定期开放的封闭运作期或投资人最短

持有期限应当不短于1年。我国养老目标基金市场上以持有期3年及以上基金为主，但投资者偏好持有期较短的产品。对于养老目标型基金产品，基金最少持有期分为1年、3年或5年。Wind数据显示，截至2023年9月底，持有期为1年、3年和5年的养老目标基金数量分别为7只、68只和37只。

《指引》规定，养老目标基金投资于股票、股票型基金、混合型基金和商品基金（含商品期货基金和黄金ETF）等品种的比例合计原则上不超过30%、60%、80%。[1]基于"稳健增值"的理念，自《指引》发布以来，市场上的养老FOF配置债券型的产品居多，偏股型的产品占少数。

养老FOF的两大策略：目标日期型和目标风险型

按照《指引》要求，养老目标基金主要采用两种投资策略，即目标日期策略和目标风险策略。养老FOF可据此分为两类：目标日期型养老FOF和目标风险型养老FOF。

（1）目标日期型养老FOF

目标日期养老产品，该理念最早由巴克莱提出[2]，即随着目标日期（退休日）的临近，投资者的风险承受能力逐步降低，对现金流的确定性要求增强，因此逐步降低权益资产、提升固定收益类资产的配置比例。

选择目标日期型养老FOF的投资者基本都是在对应年份或者前后不久期间退休的人群，所以如果这只养老FOF的日期定在2033年，则比较适合2033年左右退休的投资者。

---

1. 参见证监会：《养老目标证券投资基金指引》（试行）。
2. 参见蒋昭昆：《中美比较视角下的中国养老目标基金-第十期-北京大学汇丰金融研究院》。

（2）目标风险型养老 FOF

所谓目标风险策略，是根据特定的风险偏好来设定权益类资产、非权益类资产的配置比例。此类策略一般都会按照某一特定的波动率来进行资产配置，并采用有效的措施控制风险。一般会分为成长型、平衡型和保守型，以匹配不同风险偏好的投资者。

这类养老 FOF 可以结合基金配置比例来看，带"稳健"字样的养老 FOF 基本都属于偏债混合型，而带"积极"字样的产品则属于偏股混合型。

因为这类养老 FOF 的配置是依据个人的风险偏好而定，所以要求投资者对自身风险偏好及收益预期有比较明确的认知，否则很容易选错产品。养老 FOF 还是以"稳健""平衡"类为主，"积极"类型的养老 FOF 偏少，投资者在养老投资上还是更偏好于风险相对较低的产品。

从养老目标基金的历年收益风险指标来看，目标日期型及目标风险型基金的平均收益和风险介于灵活配置型基金和偏债混合型基金之间。从平均年化收益来看，目标日期型基金大于目标风险型；风险方面，目标风险基金有着较强的风险控制能力，其平均年化波动率及平均最大回撤均低于目标日期型基金。[3]

我国养老目标基金市场中目标风险型产品更受市场欢迎，与美国市场特征相反。截至 2023 年年末，我国养老目标基金市场上产品规模还是以目标风险型基金为主，目标日期基金规模占比仅为 28.61%。[4]

在选择养老目标基金时，应当结合自身的目标投资收益、目标投资期

---

3. 参见兴业证券报告：《养老目标基金专题研究：背景、现状与展望》。
4. 数据来源：Wind 资讯。

限及风险收益偏好来选取适合的产品。在选择目标日期型基金时，可根据基金的目标退休年份、结合自身的年龄及退休年限来进行选择；在选择目标风险基金时，应根据个人的投资风格及风险预期来进行判断。

REITs基金：公募也能玩另类

2021 年，伴随着我国首批 9 单公募 REITs 产品获准注册及上市交易，公募 REITs 在资本市场受到广泛关注。

所谓 REITs（Real Estate Investment Trusts），即不动产投资信托基金，最早诞生于 20 世纪 60 年代初的美国资本市场，是指向投资者发行收益凭证来进行募资，募集资金用于投资不动产，并将产生的绝大部分收益分配给投资者的标准化金融产品。

简而言之，这就是一种不动产证券化的手段，可以使中小投资者能以较低门槛参与到不动产投资市场。

公募 REITs 在我国资本市场算是个新鲜事物，但在国际市场是通行的大类配置资产之一。截至 2022 年三季度末，全球 REITs 市场总市值已超 2 万亿美元。[1] 相信假以时日，它也能成为中国投资者的重要资产配置方式之一。

中国REITs的诞生与特色

与国外 REITs 不同，当前我国的公募 REITs 试点阶段的底层资产以基础设施为主，暂时不包含住宅和商业办公楼、酒店、公寓等。

2004 年，国务院发布《国务院关于推进资本市场改革开放和稳定发

---

1. 参见证监会：《李超副主席在首届长三角 REITs 论坛暨中国 REITs 论坛 2022 年会上的视频致辞》。

展的若干意见》，开启了资产证券化业务的探索。

2020 年 4 月开始，监管部门陆续发布关于公募 REITs 的指引和管理办法，对公募 REITs 的推进给出了各维度的法律支撑。

2021 年 5 月 17 日，我国首批 9 单基础设施公募 REITs 项目获准注册。6 月 21 日，9 单公募 REITs 产品成功上市交易，标志着我国公募 REITs 正式诞生。

2022 年 5 月 19 日，国务院办公厅印发《关于进一步盘活存量资产扩大有效投资的意见》，明确提出，要推动基础设施 REITs 健康发展，并将保障性租赁住房纳入试点范围。5 月 27 日，证监会与国家发改委联合发出通知，支持条件成熟的地区推出保障性租赁住房公募 REITs 项目，正式启动相关试点工作。

2022 年 8 月，首批保障性租赁住房公募 REITs 项目上市交易。首批试点项目的成功落地，对于贯彻落实中央经济工作会议提出的坚持租购并举、推进保障性住房建设和促进房地产业良性循环和健康发展具有十分积极的意义，有利于加大存量资产盘活力度，完善投融资机制，深化保障性租赁住房市场化进程，推进形成新的行业发展模式，还有利于深化金融供给侧结构性改革，进一步丰富基础设施公募 REITs 产品类型，为投资者提供更多元的金融产品，更好分享经济发展红利。[2]

2020 年 4 月基础设施公募 REITs 试点启动以来，各项工作平稳有序推进，市场认可度较高，运行总体平稳，达到预期目标。截至 2023 年 12 月末，已上市 REITs 29 只，募集资金超过 1000 亿元，项目涵盖收费公路、

---

2. 参见证监会：《李超副主席在首批保障性租赁住房 REITs 上市仪式的致辞》。

产业园区、生态环保、仓储物流、清洁能源、保障性租赁住房等多种资产类型，形成了一定规模效应、示范效应，在各方共同努力下，初步探索走出了一条既遵循成熟市场规律、又适应中国国情的 REITs 发展之路。[3]

不仅如此，近年来"新基建"也已成为我国的经济热点之一，随着国家产业发展政策逐步向新基建方向倾斜，包括 5G 通信设施、城市轨交、数据中心、特高压、新能源车充电设施等领域的投资所需资金量也不断加大，急需通过 REITs 形成投融资良性循环。

公募 REITs 有助于盘活我国海量的存量基础设施资产，收回的资金可以用于新的基础设施项目建设，形成良性的投资循环。基础设施公募 REITs 属于权益融资，帮助企业获取增量项目建设资金的同时，还能通过以募集资金对存量债务进行置换的方式，降低基础设施项目及企业的整体资产负债率。基础设施公募 REITs 的推出，对我国基建领域的未来发展具有深远意义。

对资本市场而言，公募 REITs 产品规则透明健全，比照公开发行证券的要求建立上市审查制度，制定了完备的业务规则。同时，由于公募 REITs 底层基础设施项目资产权属清晰，现金流持续、稳定，投资回报良好，填补了当前金融产品的空白，丰富了投资品种，为投资者进行资产配置提供了良好渠道。

公募REITs的收益与风险

公募 REITs 产品兼具权益属性和固定收益属性。公募 REITs 的收益来

3. 参见证监会发布《关于进一步推进基础设施领域不动产投资信托基金（REITs）常态化发行相关工作的通知》。

源分别来自资产端和产品端：资产端主要为底层资产产生的现金流，包括经营现金流和资产增值收益；产品端方面，公募 REITs 可以在二级市场自由流通，在市场供给、市场情绪、流动性等多种因素的影响下，其估值会出现波动，因而可以通过交易获得资本利得。

根据证监会的相关规定，目前公募 REITs 只能投资交通类、能源类、市政类、生态环保类、仓储物流类、园区类、新型基础设施类、保障性租赁住房类、消费类基础设施以及具有供水和发电等功能的水利设施、自然文化遗产、国家 AAAAA 级旅游景区类等具有良好收益的基础设施，这些基本都属于有着稳定现金流的项目。不仅如此，监管对重点支持的底层资产所在地域也有明确规定。在资产类型和地域的双重约束下，公募 REITs 的底层资产总体偏优质，风险相对较低。根据证监会 2020 年发布的《公开募集基础设施证券投资基金指引（试行）》规定，基础设施 REITs 产品的收益分配比例不得低于合并后基金年度可供分配金额的 90%。

2021 年的首批公募 REITs，入选项目更是优中优选，具有显著的示范效应。因此，第一批项目的发售较为顺利。

由于基础设施项目的经营情况和现金流都比较稳定。因此，公募 REITs 的收益普遍高于一般的理财产品，其风险也低于混合型或偏股型基金产品。

公募 REITs 也存在一定风险。根据规定，80% 以上的公募 REITs 资产投资于基础设施资产支持证券，投资集中度高。因此，基金收益率在很大程度上依赖基础设施项目的运营情况，而基础设施项目可能因经济环境变化或运营不善，甚至不可抗力等因素影响，导致实际的现金流大幅低于预测现金流，也就是存在基金收益率不佳的情形。另外，基础设施项目运营过程中租户的履约情况、不动产价值的波动等也将影响基金收益分配水平的稳定。因此，基础设施项目经营存在收益不达预期的风险。

另外，目前公募REITs在二级市场换手率稍低，如果投资者着急卖出，会面临一定的流动性风险。我国境内的公募REITs市场刚起步，市场产品供给量较小，交易价格也会受流动性、投资者价值判断、市场情绪等许多不确定因素的影响，价格存在较大波动的可能。

基金净值是传统公募基金价值判断的重要指标。投资者在投资时应关注公募REITs和传统公募基金的基金净值存在的区别。

（1）公募REITs实质的投资标的为基础设施项目，收益来源为基础设施项目的经营收益和资产的潜在增值收益。由于基础设施项目的经营情况和资产价值变化数据无法每日统计，因此，公募REITs通常情况下仅会在半年报和年报中披露基金净值。

（2）公募REITs项目的招募说明书均明确约定REITs资产的后续计量采用成本法。基于此，基金净值无法体现公募REITs底层资产价值的变化。长期来看，基金净值由于折旧和摊销逐年下降，若同期底层资产价值增长，则基金净值无法真实反应产品的内在价值。

（3）公募REITs采用封闭式运作，运作期内不会开放申购与赎回。因此，基金净值对投资者的参考意义不如传统公募基金显著。投资者更应关注基础设施资产估值和公募REITs市场价格的变化，并结合公募REITs的公开披露信息等进行价值判断。

所以在投资之前，投资人一定要熟悉所要投资的基础设施领域，充分了解公募REITs的产品特点及与其他金融产品的差异，树立理性投资理念，合理评估REITs投资价值，积极参与的同时做好风险防范。

投资者如何参与REITs交易？

每只公募 REITs 产品都要经过战略配售，这个环节仅限基础设施项目的原始权益人和实力雄厚且希望进行长期投资的专业机构参与。参与战配的投资者类型主要包括原始权益人或其同一控制下的关联方、业务关联方（大多数为与原始权益人或其同一控制下的关联方有业务往来的非金融机构）、险资类、产品账户类、自营账户类以及其他机构，这类产品比较适合久期较长的资金参与。

在后续完成询价定价之后，产品正式进入募集阶段，网下投资者和公众投资者才能正式认购公募 REITs。

普通投资者有两个渠道可以参与申购公募 REITs，一个是通过场内在股票账户或基金账户申购，一个是通过场外基金渠道申购。

通过基金渠道申购的所谓场外基金，想在封闭期内卖出，有可能需要进行"转场内"的操作，类似公募基金的转托管模式，对普通投资者来说操作比较烦琐。

所以，对于普通投资者来说，通过股票账户直接申购公募 REITs，更加方便。想通过股票账户开通 REITs 基金的买卖，需要开通相应的权限，可以在自己股票的交易页面通过"业务办理"开通权限。

公众投资者通过场内及场外申购，有不同的资金门槛要求。有以 1000 份为最低认购门槛，也有以 1000 元为最低认购门槛，每只公募 REITs 的场外最低认购门槛不太一样，投资者在参与申购时要仔细阅读相关规定和公告信息。

普通人如何做基金配置？

了解了这么多的基金品种，投资者是不是就可以开始投资了呢？别急，在开始投资之前，有必要了解一下经济周期与资产配置的关系。

国际理论和实践经验表明，投资收益的 90% 以上都是由资产配置决定的。[1]

也就是说，顺势而为，找到了符合大势的投资品，可能比投资技巧更重要。举例来说，在 21 世纪前 20 年的时间里，如果投资者主要进行了房产投资，那就好比站在一个上升的电梯里，无论是坐着还是蹲着，大概率投资者的资产都在增值。而如果投资者坐上了一个下行的电梯，那无论怎么努力攀爬或许都无济于事。

经济形势就是这个电梯。这也是巴菲特的搭档查理·芒格所说的，"宏观是投资者必须接受的，微观才是投资者可以有所作为的。"宏观经济趋势是一切微观经济活动的基础。

美林时钟与基金配置

关于宏观经济形势与大类资产配置的关系，投资界有个经典的分析模型——美林时钟。美林时钟是美林证券在 2004 年提出的一个概念，综合了美国 30 年的历史经济数据，得出宏观经济周期的四个阶段与资产配置

---

1. 参见保监会保险资金运用监管部主任任春生在"2017 年大类资产配置国际论坛"的致辞。

的关系，因为模型简单易懂，所以流传很广。

投资者也可以参考这个模型，来做基金产品的配置（图 2-2）。

图2-2 美林投资时钟

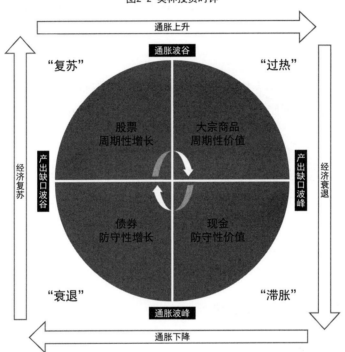

资料来源：美林证券，泽平宏观。

（1）衰退期

经济下行、通胀下行。投资者对未来市场信心不足，股票收益率较低，为了提振经济，央行往往采取宽松的货币政策，此时债券可能是较好的投资类别。

（2）复苏期

经济上行、通胀下行。这个时期经济转好，企业盈利改善，股票是回报较好的投资类别，投资者可留意股票基金的投资机会。

（3）过热期

经济上行、通胀上行。通胀增加了现金的持有成本，加息的可能性降低了债券的吸引力，而商品受益于物价上涨走出牛市行情，大宗商品基金或更加值得关注。

（4）滞胀期

经济下行、通胀上行。GDP 增速回落，但通胀居高不下，央行一般会提高利率来应对通胀，现金成为更好的配置选择，货币型基金或为较好的选择。

当然，现实经济的发展和市场的变化不太可能完美地贴合美林时钟模型，由于国内市场的资产类别轮动太快，故投资界甚至将"美林时钟"称为"美林电风扇"，但投资者依然可以用美林时钟的原理来做经济大势的研判和资产配置的参考。

对普通投资者的基金配置建议

投资者在配置基金时，既需要考虑经济形势，也需要考虑个人的实际情况。

购买基金之前，投资者一般要做风险测评，确认自己的风险承受能力。风险承受能力低的投资者可以配置低风险基金，比如货币型基金、债券型基金等，风险承受能力高的投资者可以配置高风险基金，比如混合型基金、股票型基金等。

在投资基金之前，投资者一定要做好资金规划，避免资金错配，"长钱短投"或"短钱长投"，使得长期投资的钱收益过低或者短期投资的钱

因时间问题不得不赎回离场。

　　另外，投资者的个人风险偏好跟年龄密切相关，对于不同年龄的投资者，基金投资不妨参考如下建议。

　　（1）在参加工作以后的单身阶段，虽然面临继续教育、买车买房等生活需求，但其工资收入有望随着时间的推移而不断增长，故风险承受能力较强。因此，可以关注高风险、高预期收益的基金产品。

　　（2）已经成家且已生育的年轻人，既要考虑家庭财产保值、增值，又要考虑孩子的教育费用等一系列未来的支出，最好进行组合投资，可以关注中高风险、中高预期收益的基金产品。

　　（3）中年人收入一般比较稳定，但家庭责任较重，还要考虑为退休做准备，投资者应该坚持稳健原则，分散风险，可以关注中低风险、中低预期收益的基金产品。

　　（4）老年人面临退休且收入降低，其风险承受能力较小，投资时应坚持稳健、安全、保值原则，不宜过度配置股票型基金等风险较高的产品，应该以低风险为核心关注基金产品。[2]

_____

2. 这部分内容引自中基协组编的《证券投资基金》第二版教材。

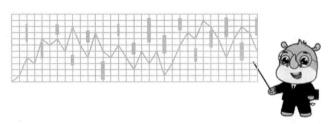

小犀课堂

上一章我们系统介绍了公募基金的基础知识，在此基础上，本章介绍了常见的公募基金类型，包括货币型基金、债券型基金、股票型基金、QDII 基金、FOF 基金、养老目标基金、REITs 基金等，内容涵盖各类基金的含义、发展历程、风险收益特征、投资策略，帮助投资者对公募基金产品形成正确和全面的认知。

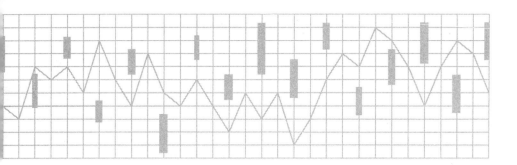

Part 3
稳健型投资者青睐的固定收益基金

· 固定收益的绝对主力：债券

· 固定收益基金的分类

· 进可攻、退可守的"固收+"

· 固定收益基金的收益固定吗？

固定收益的绝对主力：债券

固定收益证券（fixed-income securities），顾名思义，这类金融工具能够提供固定或根据固定公式计算出的现金流。

债券是固定收益产品的"绝对主力"。所以，在讲固定收益基金之前，有必要再来深入分析一下债券。

债券的性质和要素

和股票一样，债券也是一种非常重要的常见投资品种。

债券和存款有相似的性质。举个例子，储户把资金存入储蓄账户，可以理解为把资金借给了银行，银行根据金额和利率支付存款利息。同样，投资者购买了债券，就是把资金借给了债券发行者，发行者会向投资者定期支付利息。到期时，在发行人正常履约的情况下，如同储户从储蓄账户提款一样，债券持有人收回债券本金。

由此可以看出债券的两个性质，一是按约定期限付息；二是到期归还本金。

作为固定收益证券的"扛把子"，债券有哪些要素呢？简单理解，我们可以把债券看作是发行人向投资者打的"借条"。

一张借条在借贷双方达成一致时，起码有以下几项信息是确定的：一是借条本身的金额，也即债券的"面值"。实际在市场上发行交易的债券中，由于其标准化流动性等特点，我国发行的债券面值一般为100元。所以有时候提到债券的特点时，不一定会强调其面值。

二是借条约定的"利息"，也即债券的"票面利率"，有些机构也称其为"息票率"。这里需要说明的是，票面利率是债券发行人承诺支付给债券持有人的固定利率，浮动利率债券则不在这个范围内。

三是借款什么时候还，也即债券到期日。债券到期日也决定了债券持有者得到利息的日期。举例来说，约定某债券到期日是 7 月 1 日，那么债券发行者将在 7 月 1 日这天归还持有者债券的票面价值以及最终的利息，若是按年支付，则持有者在每年的 7 月 1 日都会得到利息。

四是借条的落款借款人，也即债券的"发行人"。在我国现行的法律条款中，对于"债券发行人"有着严格的规定。能发行债券的法人主体，一般都是特殊金融机构或者规模较大的公司或企业。

除了以上较为确定的信息，对于一张"借条"来说，还有没有不容易被贷款人所注意到的特点呢？答案是有的，只不过这个特点若不涉及借条的"转手"，不一定能被贷款人发现。

我们通过一个例子来理解：A 分别与 B、C、D 三人签了三张借条，各借 100 万元。借款给三人后，A 发现有急事需要用钱，于是就分别把 B、C、D 的三张借条转让给其他人以获得现金。虽然 A 与 B、C、D 三人签借条时约定的借款利息均为 5%，但 A 在转让时发现，由于 B、C、D 三人的经济实力和口碑有差别，借条转让后 A 得到的钱各不相同，B 经济实力和口碑较好，转手得到了 102 万元（溢价转让），C 经济实力和口碑一般，转手得到了 100 万元（平价转让），D 经济实力和口碑最差，转手得到了 95 万元（折价转让）。此时我们换个角度，对于购买 B、C、D 三张借条的人来说，购买 D 的借条的人，在借条到期时所获得的收益最多，获得了

105-95=10 万元的收益。

上述例子可以看出，买入"借条"时的价格越低，到期收益率越高，两者成反比。通过这个例子我们可以引入"债券价格与收益率（price and yield）"这个概念——虽然债券的市场价是由多种因素决定的，例如该债券票面利率与市场利率的关系，债券期限以及发行者信用资质等，但债券的票面利率是固定的（除浮动利率债券外），且市场利率是浮动的，这将导致新发行的债券和现有债券的收益发生变动，其最终决定了现有债券价格。

市场利率变动方向与债券的价格变动方向成反比：市场利率上升，现有债券价格下跌；市场利率下降，现有债券价格上升。两者的关系也解释了债券存在溢价、平价以及折价交易的原因。

债券也有风险

由以上债券的特点我们可以看出，投资债券是有风险的。诚然，在一般情况下，相较于投资股票的波动，债券的波动幅度不大，但几乎所有的投资都伴随着风险。而债券的风险也是较为多样的，投资者可以认真分析，以及了解这些风险是怎样影响债券投资的。一般来说，债券的主要风险有：利率风险、信用风险、流动性风险、通胀风险等。

（1）**利率风险**。由上文的市场利率与债券的价格成反比的特点我们可以总结出，债券的一个较为显著的风险是利率风险。利率风险是指由于市场利率水平发生变化，会影响债券价格，从而产生的风险。站在债券投资人的角度理解这个风险相对更直观。当市场利率上升时，新发行的债券会依照新的市场利率定价，即调高新发债券的票面利率，若投资者已买入某固定收益的债券，他们发现手中的债券价格会下降。例如，投资者购买了票面利率为 3.5% 的债券，当时市场利率也是 3.5%。一段时间后，市场利率上升，此时市场上发行的债券票面利率大都升为 3.75%。假设市场利率调整前后发行的两种债券的品质到期日都相同。如果其他投资者想购买债券，在拥有同样的投资本金的情况下，肯定会去购买票面利率为 3.75% 的债券，那么之前发行的 3.5% 的债券就会被折价出售。这时，持有 3.5% 债券的投资者就面临着利率风险。

（2）信用风险。上文中，我们通过三张借条的例子说明了市场利率与债券的价格成反比的特点。实际操作中，三个经济实力和口碑（信用等级）不同的借款人（债券发行人），在到期日一样的情况下，票面利率是不可能一致的。一般来说，信用等级越高的债券发行人，在其他条件一致的情况下，发行债券的票面利率越低。这就要提到债券的第二个风险，信用风险。债券的信用风险（credit risk）又叫违约风险（default risk），是指债券发行人未按照契约的规定支付债券的本金和利息，给债券投资者带来损失的可能性。

为评估违约风险，许多投资者会参考独立信用评级机构发布的信用评级，债券评级是反映债券违约风险的重要指标。国际上知名的独立信用评级机构有三家：穆迪投资者服务公司（Moody's Investor Service）、标准·普尔评级服务公司（Standard & Poor's）、惠誉国际信用评级有限公司（Fitch Investor Service）。在我国，债券最大的交易市场是银行间交易市场。根据央行发布的《中国人民银行信用评级管理指导意见》，按照风险由低到高的排序，中长期债券评级分别是 AAA 级、AA 级、A 级、BBB 级、BB 级、B 级、CCC 级、CC 级、C 级，此外，还可以用"+""−"符号进行微调，代表比原等级略高或略低。评级机构对债券发行人做出的经营风险和财务风险分析，综合评估发债人对债务的履约能力，辅助投资人对信用风险做出判断。

（3）**流动性风险**。债券的流动性风险是指债券在交易时因市场成交量不足或者缺乏交易对手，导致不能在短期以合理价格出售，从而产生损失的风险。在实际操作中，通常以债券买卖价差的大小来反映债券的流动性。债券流动性强的券买卖价差小，反之则较大。债券投资大部分都是场外交易，在交易的终端可能没有合适的买家或卖家，难以及时变现，所以会导致买卖价差较大。

（4）**通胀风险**。通胀本质是购买力下降。债券的本金和利息是固定的，所以投资债券的收益将受到通货膨胀的影响。通胀上升，债券价格就会下跌。投资者应该选择回报率高于预期通胀率的债券以尽量减小通胀风险。

（5）**提前赎回风险**。是指债券发行人有可能在债券到期日之前回购债券的风险。当市场利率下降时，债券发行人能够以更低的利率融资，因此可能会提前偿还高息债券，以降低企业融资成本。持有附有提前赎回权债券的投资者将不仅不能获得高息收益，而且还会面临再投资风险。

债券种类丰富

平常我们身边很多投资者都能开口谈几句股市，说一说基本面、技术面，但是说到债券就不太了解了，一部分原因是债券市场很多内容和宏观经济挂钩，对于专业性要求更高。

提到债券，你是不是脑中会浮现许多名词，国债、金融债、利率债、信用债？是不是感觉名词太多傻傻分不清楚？那么债券究竟是怎么分类的？常见的债券分类方式有按照发行主体分类、按偿还期限分类、按债券收益方式分类、按交易方式分类、按债券属性维度分类等。由于分类方法较多，我们制作了图 3-1 来帮助理解。

图3-1　债券的分类

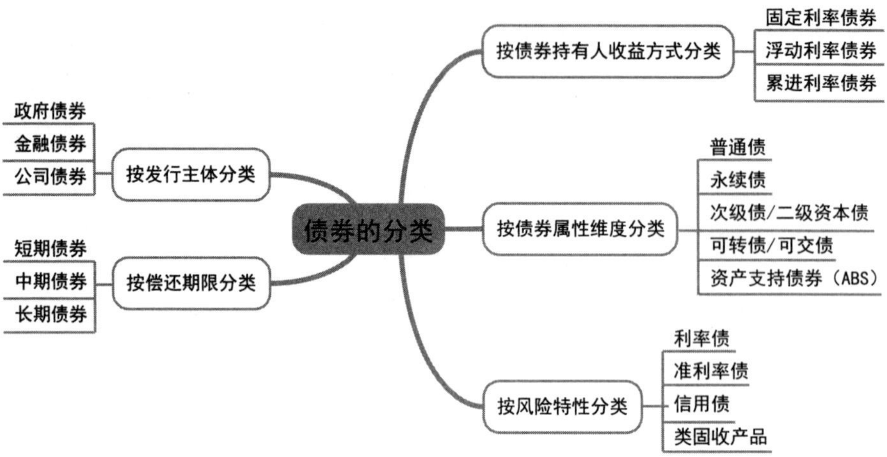

如图 3-1 展示，债券基本可按照以下五个维度分类。

（1）按发行主体分类，债券可分为政府债券、金融债券、公司债券等。

（2）按偿还期限分类，债券可分为短期债券、中期债券和长期债券。

（3）按债券利率类型，债券可分为固定利率债券、浮动利率债券、累进利率债券等。

（4）按照债券本身的本质属性，债券可分为普通债、永续债、次级债 / 二级资本债、可转债 / 可交债以及 ABS 等。

（5）按照风险特性分类，债券可分为利率债、准利率债、信用债、类固收产品等。

我们平常经常听到的利率债、信用债分类，就是按照风险特性分类的。利率债就是背后有国家信用做背书，国债、国开债、农发债等就属于这类，一般不存在信用风险；信用债就是背后无国家信用背书，企业债、公司债等都属于信用债，存在违约风险。信用债的收益率一般高于利率债，高风险对应高收益。

债券到期日和久期

通过前面的介绍，我们知道债券主要有利率风险、信用风险以及通胀风险等。在实际投资中，投资者可以通过投资不同品种的债券构建投资组合来降低风险，即分散投资以降低组合风险。

债券到期日是度量债券寿命的传统指标，但它仅仅考虑了到期日的本金偿还，并不是衡量债券寿命的充分性指标。1938 年，麦考利（Macaulay）为评估债券的平均还款期限，引入久期的概念。麦考利久期（duration），又称为存续期，指的是债券的平均到期时间，它是从现值角度度量了债券现金流的加权平均年限，即债券投资者收回其全部本金和利息的平均时间。

我们可以把各类债券的组合看成一个"蔬菜篮子"，把基金中的债券理解为各种蔬菜，久期则为它们的保鲜期。假如我们买了菠菜、黄瓜、茄子等蔬菜，它们各自的保鲜期均不同。蔬菜篮子的久期即是以每种蔬菜的数量占蔬菜篮子总重的比例为权重，乘以各类蔬菜的保鲜期而得出的结果。

由于久期的计算公式较为复杂，在实际投资中很少会有演算的场景，一般投资者可通过各类交易平台直接获取，因此不展开叙述。但是久期对于债券投资组合的影响结论较为明确，简单概括来说，可以概括成下表：

久期长短	债券价格敏感度	利率风险	预期收益率
长	高	高	高
短	低	低	低

久期越长，债券价格对于利率波动的敏感度越高，利率风险越高，相应的预期收益一般也会越高；反之，久期越短，债券价格受利率变化影响也越小。

久期是一个工具，投资者可用来管理利率风险，通过对比到期日和债券久期，可帮助我们减少在债券上的投资损失。

投资债券基金与投资单一债券有何不同

从上文对债券的简单介绍我们就可以看出，债券是较为专业的投资品，投资者要直接投资债券，是有一定门槛和难度的。许多投资者投资债券基金就是为了避免对较为复杂的单一债券进行研究。而专业的基金经理会帮助投资者决定基金中的债券买卖和持有。

一般来说，债券基金和单一债券主要有以下几处不同。

（1）债券基金不同于单一债券，一般没有到期日的限制。基金中的债券到期后，基金经理将购买新的债券。而投资者在单一债券到期后，会收回投资本金。

（2）债券基金的收益率是浮动的，而单一债券的利息收入是固定的。

（3）个人投资者直接投资债券或者购买债券基金时，感受则会有较大不同。

首先是参与交易方式的不同。我国的债券交易市场主要由银行间债券市场、交易所债券市场以及银行柜台交易市场构成，若个人投资者直接购买债券，则仅能通过交易所债券市场和银行柜台交易市场参与交易，具体来说就是在交易所开户购买以及到银行柜台开户购买；但是购买债券基金则有相对较多的方式，包括直接向基金公司购买，通过代销渠道购买等，这里的代销渠道既可以包括银行网点，也包括其他渠道，例如券商、网络等，形式较为多样。

其次是投资门槛的不同。根据现行的法规及各项要求来看，个人投资者直接投资债券门槛较高（如图 3-2 所示）。相较而言，个人投资者投资债券基金除了能达到基金投资所要求的风险承受能力以外，几乎不存在硬性要求，许多基金仅要求 10 元起购。

图3-2　债券交易市场及其特点

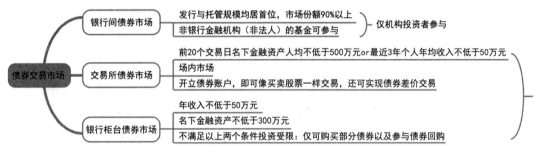

此外，债券基金给缺少时间、没有专业知识或不愿意管理债券组合的投资者提供了便利，也给了投资者不用投入太多的资金就可以投资多元化债券组合的机会。

虽然投资债券基金时，基金经理会代表投资者做选择，确定哪些债券作为投资对象。但是，投资者自己还是要了解债券基金的风格特征，这样才能做出更好的选择。

固定收益基金的分类

投资于固定收益证券的基金，就被称为固定收益基金。债券是固定收益基金投资的主要标的，但并不是唯一标的。

一般投资者听到的固定收益类基金，根据投资标的不同，可以分为货币型基金、标准债券型基金以及普通债券型基金。投资者可以根据自己对风险收益的偏好，从中作出选择。

主要投资于货币市场工具的货币型基金

货币型基金又称为"现金管理类工具"，主要投资于货币市场工具。货币市场基金是厌恶风险、对资产流动性和安全性要求较高的投资者进行短期投资的理想工具，或是暂时存放现金的理想场所，通常更适合短期理财。

更受机构青睐的标准债券型基金/纯债基金

标准债券型基金（又称"纯债基金"）仅投资于固定收益类金融工具，不投资于股票市场，即使包含了可转债，也只投资于可转换债券可分离交易的纯债部分。标准债券型基金既包含投资于中长期债券的类型，又包含了短债基金等。这类基金更受到风险偏好较低的客户的青睐。

纯债基金并不是一定不会亏损，在一定的投资期是有回撤风险的，一般短期纯债基金的回撤会小于中长期纯债基金，相应的收益是会小于中长期纯债基金的。但是持有周期越长，纯债基金的盈利确定性越大。

固收基金主力：普通债券型基金

普通债券型基金将 80% 以上资产投资于债券市场，但也投资于股票市场。这类基金是我国债基的"主力"，可分为一级债基和二级债基。随着法律法规的变化，普通债券型基金已经不再参与新股申购，所以一级债基也逐渐退出历史舞台。目前市场上的二级债基主要以可转债或者股票仓位做"增强"，以期获得大于投资于固定收益类金融工具的收益。

进可攻、退可守的"固收+"

值得一提的是,投资者在市场上经常可以看到"固收+"的产品,何为"固收+"呢?

"固收+"的含义是"固收"和"+"两类投资策略的有机组合,"固收"主要指配置优质债券获取基础收益,"+"可以理解为三个层次,一是资产类别上的增加,相对于纯固定收益的产品来说,"固收+"可以投一些权益类资产;二是策略上的增加,纯粹的债券投资主要有久期策略、信用策略,"固收+"还会增加股债对冲的绝对收益策略;三是增加风险调整后的收益,体现在适度可控的情况下增加组合的波动、增强收益。(图3-3)

图3-3 "固收"和"+"两类投资策略的有机组合

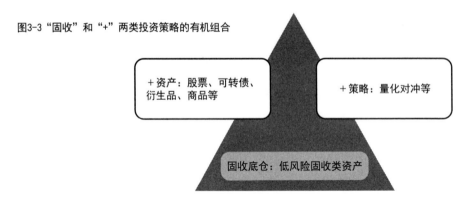

+资产:股票、可转债、衍生品、商品等

+策略:量化对冲等

固收底仓:低风险固收类资产

"固收+"其实并不是新兴的业务。市场上常见的一级债基、二级债基、偏债混合基金和灵活配置基金中,大量产品都属于"固收+"大家族。

"固收+"作为一种投资策略,本质是将债券、可转债、股票等不同类型的资产纳入"固收＋"产品，在严控回撤、降低波动的前提下，通过积极主动的资产配置，力争实现资产的长期稳健增值。"固收＋"的优势在于"固收打底，权益增强"，从而有助于实现"进可攻、退可守"的资产配置效果。

我们知道，"债券型基金"中债券的投资比例不能低于80%，而偏债混合型基金如果要以"固收＋"的名义进行宣传，则其权益类投资的占比也不能太高。新的监管要求其实比较明确地规定了权益投资区间在10%～30%以外的偏债混合型新基金将不得以"固收＋"名义宣传。也就是说，"固收＋"产品一方面通过70%以上优质债券等固定收益类资产来获得较为稳健的打底收益，在震荡市降波动控回撤；另一方面，通过10%～30%的权益类资产及可转债等含权类资产提升产品超额收益水平，力争比"固收"资产更多一点的回报。

由于"固收＋"基金，一般都是在固定收益产品的基础上叠加股票等权益类产品，因此，对这类产品来说，除了有债券的"票息收入""价差收益""杠杆套息"三大收益来源之外，还要考虑权益资产的收益。当然还是那句老话——盈亏同源。收益与风险始终是共存的，"固收＋"的这部分权益仓位既可以成为增强的助推器，也可能成为亏损的加速器。

有些投资者将"固收＋"等同于固定收益，缺乏对这类产品风险的正确认知，承受了与自身承受能力不相匹配的风险。有鉴于此，监管对于"固收＋"提出了明确的宣传界定。

投资者在选择固定收益类基金之前，还是要擦亮眼睛，仔细看基金合同当中的投资范围，判断这款产品是否与自己的风险偏好匹配。

固定收益基金的收益固定吗?

由于固定收益基金投资风格相对稳健,较受市场欢迎,尤其受到追求稳健表现的投资者的青睐。

那么固定收益基金主要赚的是什么钱呢?固定收益基金的收益真的固定吗?

债券基金的三大收益来源

固定收益基金配置底层资产最多的就是债券类资产,所以我们先来弄清楚债券的收益来源(图3-4)。

图3-4 债券基金的三大收益来源

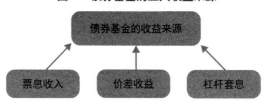

(1)票息收入

前文我们提到,债券的本质,是一种记载借贷关系的有价证券,可以通俗地理解成一张借条,票息的高低主要取决于发行主体的评级,也就是打借条的这个人的实力,以及债券的剩余期限。票息收益与票面利息息息相关。"票面利息"是指债券发行人定期向债券持有人支付的利息,虽然债券发行人不同,但都是按约定的利率和周期向持有人支付利息。

每张标准化的债券，都在发行前就确定好了借款金额、使用期限和资金的使用价格，这个价格就是票面利率。比如国家发行的 5 年期国债，面值 100 元，票面利率为 4%，按年付息，则该债券的票息收入为 4 元 / 年。通常发债主体资本实力越强，经营效率越高，债务负担越小，还款能力就越强，债券的风险越低，在借款期限相同的前提下，它支付的票息也就越低。高风险高收益、低风险低收益，这个原理跟其他投资品是一样的。

总的来说，票息是固定收益基金首要的，也是最为确定的收益来源。想要获得更高的票息，可以买信用评级低一点的债券，也就是承担更大的信用风险；另外，也可以买期限更长的债券，一般期限越久，利率变动风险大，作为风险溢价的补偿票息也会越高。

（2）价差收益

如果债券购买之后持有到期，那就只能获得票息收入。然而债券市场是有波动的，考虑到债券久期的影响，这种波动对债券价格的影响也更大，如何从波动中赚取收益，也是门技术活儿。同股票一样，债券也有二级市场，可以同其他交易对手进行买卖交易，从波动中不断交易产生的收益，就叫作价差收益。

债券价格波动主要取决于市场利率水平和发行人信用资质的变化。债券价格与收益率的变化负相关，利率下行，则债券价格上涨；此外，通常企业信用资质越好，收益率越低，债券价格越高。

我们先来说说市场利率对价格的影响。大家可以想象一个场景，如果央行为了刺激实体经济而降低政策利率，那么全市场其他大大小小的公司，以及地方融资平台想要新发债券，票面利率也必定会呈下降趋势。但这个时候他们原本已经上市并且交易中的存量债券，票面利率是不会随着政策利率变化而变化的。于是，同样的发债主体、同样的偿债期限，新发的债券比存量的老债券票面利率低（即价格高），那就不会有人去买新发的债券。这种情况下，投资者就会去市场上买其他投资者手里的存量债券，最终的结果就是老债券的交易价格随着供不应求而上升，直到价格上升到能够补偿这部分利息缺口，这个时候新债才会有人买。

对于持有债券的投资者来说，剩余期限不同的债券，对于市场利率的敏感度也是不同的，通常剩余期限越长，对于利率波动越敏感，比如市场利率下降 1%，10 年期国债的价格涨幅是会比 3 年期国债的涨幅要大的。

具体涉及债券基金操作层面，如果基金经理预判资金面会宽松，利率水平会降低，那么他可以提前买入到期日更长的债券，从利率下降中赚更多的钱。

偿债能力变化带来的信用资质变动引起的价格波动相对更好理解。如果越来越多的企业发行的债券开始违约或者爆出有可能违约，信用状况出现恶化的苗头，债券价格就会应声下跌。这种情况通常出现在经济周期中的衰退期，基金经理们通常会通过判断经济周期所处的位置，在衰退到来前卖出可能爆雷的债券，在复苏来临时重新买入这部分仓位，赚取其中的价差。

（3）杠杆套息

"杠杆套息"是指在投资运作过程中，产品可以通过正回购等方式，融资后继续配置资产。新增投资收益大于融资成本的部分，即套息收益。

固定收益基金和其他类型的基金不一样的地方之一，就是它可以加杠杆，投资者查阅固定收益基金的定期报告就会发现，其资产总值往往有可能大于资产净值，也就是说它借钱进行了投资。通常基金经理们会采用质押式回购，也就是将手中持有的债券质押给其他资金方，来融入低息资金，之后再用这笔资金买入新的债券。根据《公开募集证券投资基金运作管理办法》规定——开放式基金的杠杆率不超过140%，而封闭式债券基金的杠杆率相对较高，不超过200%。

这个投资持续的前提，在于融入资金的成本，要低于新购入债券所带来的收益，否则就会产生亏损，所以杠杆是把双刃剑，可以让基金赚得更多，但遇到极端情况也会亏得更多。

市场利率水平稳定时，这些债券的利率和融资成本之间有稳定的利差，使用杠杆就非常不错。杠杆套息的流动性风险也不可忽视，一旦基金被大量赎回，基金经理不得不卖出债券，可能卖不到好价钱，甚至没法覆盖借钱利息，从而造成损失。所以，基金经理会结合投资调节杠杆比例。

固定收益基金的收益受哪些因素影响？

债券作为固定收益证券的"扛把子"，同样债券基金作为固定收益基金的"主力军"，那么是不是应该"稳赚不赔"？实际上，几乎没有投资能做到"稳赚不赔"。固定收益中的固定，是指固定的现金流以及到期日，并不是指"收益"。债券市场价格和债券基金的净值，都会随着各种因素的影响而波动。

（1）宏观经济对基金净值的影响

宏观经济主要影响利率水平和利率变化预期，比如市场利率下调，债券价格上升。经济衰退时，违约概率增加，出于避险的考虑，投资者更多会考虑投资高信用等级的债券，因此，高信用等级债券和低信用等级债券之间的信用收益差会扩大。具体来说，投资者对高等级债券的需求量上升，导致其价格上涨，收益率下降；投资者抛售低信用等级债券，导致其价格下降，收益率上升。

（2）估值方法对基金净值的影响

基金估值是指采用一定的方法对基金的资产负债进行计算并得到基金净值。在基金估值方面普遍采用的"市值法"会使得固定收益基金净值相较于"摊余成本法"估值的基金有更大的波动。

由于我国债券最大的交易市场是银行间交易市场，是场外市场。有些债券在上海交易所、深圳交易所场内市场上市流通，会在交易日产生收盘价，那么就会用收盘价估值；但有些流动性不佳的债券不一定会有当天收盘价，所以此时会采用第三方估值价格进行估值。收盘价估值和第三方估值都属于市值法估值。与"市值法"估值的基金相对的是采用"摊余成本法"估值的基金。摊余成本法是指估值对象以买入成本列示，按照票面利率或商定利率并考虑其买入时的溢价与折价，在其剩余期限内平均摊销，每日计提收益。也就是将债券的预期收益均摊到每天，以保持收益相对稳定。

虽然采用市值法估值的基金净值较为客观、及时反映基金资产变化的情况，但是相比于摊余成本法估值的基金，其波动更大。以上原因会使得固收基金的收益不一定那么"固定"。

其实，不论做何种投资，均需要投资者认真了解投资产品。一般来说，由于资产性质和投资范围的限制，相较于股票型基金和偏股混合型基金，固定收益类基金长期净值波动较小，不失为投资者资产配置的好选择。

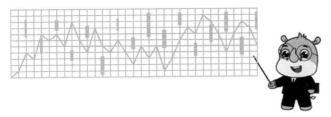

小犀课堂

本章我们继续介绍一种颇受稳健型投资者青睐的基金——固定收益基金。

由于固定收益基金的投资标的主要是固定收益证券，相较于股票型基金和偏股混合型基金，固定收益类基金长期净值波动较小。这一特质也使固定收益基金成为机构投资者资产配置的"压舱石"。

熟悉了固定收益基金之后，接下来要介绍的是风云榜上的常客：主动权益基金。

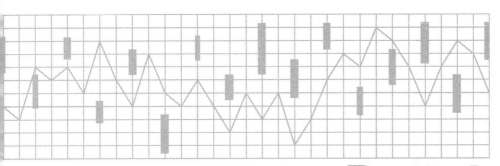

Part 4
主动权益基金：风云榜上的常客

· 何为主动权益基金？

· 种类繁多的主动权益基金

· 如何做好主动权益基金投资？

何为主动权益基金？

主动权益类基金，是指投资标的主要为股票或股权的证券投资基金，也就是我们通常所说的股票型基金（除去被动跟踪指数基金）或混合型基金，主动型权益基金的目标是通过主动操作和配置来获取超越市场的额外收益。过去这些年 A 股市场赋予了主动权益基金获取 Alpha 的良好环境，主动权益基金的赚钱效应越来越显现，规模也得到了快速的发展（图4-1），基金也不断登上网络热搜，正日益受到广大投资者的关注，也说明了投资者愈加认同"将专业的事交给专业的人"。

图4-1　2018年12月～2023年9月主动权益基金净值与数量趋势图

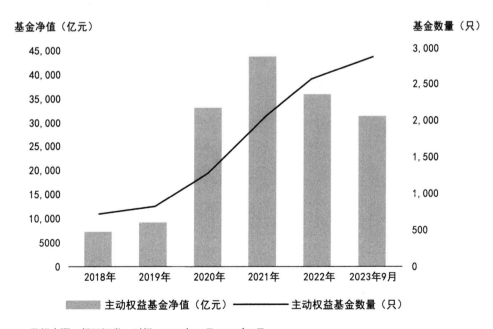

数据来源：银河证券，时间：2018年12月-2023年9月

种类繁多的主动权益基金

投资者希望通过投资主动权益基金解决"股票不会买"的问题。但在投资之前，我们需要搞清楚主动权益基金的分类方法，以便在风格迥异、种类繁多的权益基金中选出适合自己的基金，避免同质化配置，有效分散风险。

下面我们将介绍主动权益基金的三种分类方法及不同类型的主动权益基金应该如何投资。

根据投资对象配置比例分类：股票型基金、混合型基金

主动权益基金可以根据股票资产比例的高低，分成股票型基金和混合型基金。其中，股票型基金比较好界定，根据《公开募集证券投资基金运作管理办法》规定，80% 以上的基金资产投资于股票的为股票型基金，这里我们讲的主动权益基金，是除去被动指数基金的股票型基金。

混合型基金的投资组合中既可以有股票，也可以有债券等固定收益投资，股票配置比例比较灵活，其设计初衷，就是让投资者可以选择一种产品就能实现投资的多元化，基金经理会根据自己对市场的判断灵活调整不同资产的配置比例。混合型基金根据资产配置比例的不同，又划分为偏股型基金、灵活配置型基金、平衡混合型基金。

通常来说，股票仓位越高，基金的风险和长期预期收益也越高。投资者可通过阅读基金法律文件中载明的股票投资比例范围、业绩比较基准以及定期报告中披露的股票仓位来大致了解基金的股票仓位水平或区间，以

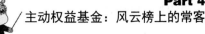

此来作为评判其风险收益特征的参考（表 4-1）。

表 4-1　主动权益基金

类别	股票仓位
股票型基金	股票投资下限≥80%
偏股型基金	股票上下限60%～95%
灵活配置型基金	股票上下限30%～80%与股票上下限0%～95%
平衡混合型基金	股债配置比例较为平均，一般业绩基准中股票占比50%

根据风格分类：成长型基金、价值型基金、平衡型基金

主动权益基金根据股票持仓特点而表现出不同的投资风格，不同的投资风格往往有不同的风险水平，并导致不同的回报，所以投资风格的界定为投资者提供了一个直观简便的分析工具，同时也有利于协助投资人优化投资组合，并对组合进行监控。业内知名基金评价机构晨星分别根据基金所持股票的市值将基金划分为大盘、中盘与小盘，根据基金所持股票的价值－成长导向将基金划分为价值、平衡与成长，两者合并一共可以产生九种不同的组合或风格，分别对应投资风格箱的九个格子（图 4-2）。

图4-2　基金投资风格箱

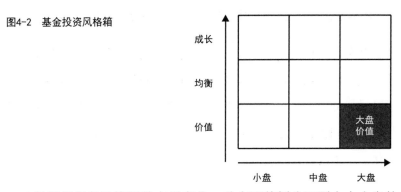

晨星根据各风格区的市场变化，动态调整划分股票大中小盘的市值分界点。大盘股指的是将所有股票按市值从大到小排序，累计市值处于总市

值前 70% 的股票，大盘风格基金即主要投资于大盘股的基金；中盘风格持有的股票通常介于大盘股和小盘股之间的基金；小盘股被定义为累计市值处于总市值后 10% 的股票。

大中小盘划分规则：

大盘（Large）　　各风格区中累计市值处于前 70% 的股票

中盘（Mid-cap）　各风格区中累计市值处于前 70% 至 90% 的股票

小盘（Small）　　各风格区中累计市值处于后 10% 的股票

根据投资风格的不同，晨星的分类体系将主动权益基金划分为成长型、价值型和平衡型三种风格。

成长型基金：主要投资于快速增长（盈利、销售收入、账面价值和经营现金流的高增长率）和高估值（高市盈率和低股息收益率）的公司，有较高风险偏好的特征。

价值型基金：主要投资于低估值（低市盈率和高股息率）和对个股盈利稳定性和估值要求很高，要以低于内在价值的价格买入股票的基金风格类型。在低市盈率的股票中，寻找资产质量优良，且能保持一定成长性的公司，这是价值风格基金在投资过程中的显著特征，且具有低风险偏好的特征。

平衡型基金：风格则介于成长型与价值型之间。平衡风格基金兼顾价值和成长，既可以运用在价值股与成长股的组合配置中，也可以用在选股环节，通过寻找持续增长且估值合理或低估的股票实现，平衡型基金力求在价值与成长之间保持平衡，以减小基金净值的波动，穿越不同市场风格的循环变化，改善持有人的投资体验。

总体上来看，成长型基金与平衡型、价值型基金相比，主要持仓股拥有更大的成长空间、更高的投资风险、较低的股息率；大盘基金与中小盘基金相比，主要持仓股市值更大、成熟度相对较高。不同风险偏好、风格偏好的投资者可以从适配度考虑做出选择。

对于投资者而言，无论一只基金落在九宫格的哪个格子，都没有绝对的优劣之分，重要的是可参考此类基金风格划分选出与自己投资偏好、风险承受能力适配度高的基金，此外，在构建基金组合的过程中，投资者可选择分类落在不同格子的基金构建组合，使组合在风格上较为均衡，以更有效地分散投资风险。

根据行业主题分类：科技（TMT）、消费、医药医疗、先进制造、周期、金融地产

主动型行业主题基金，简单说就是集中投资于某一个行业，或者某一个主题的基金，选股范围仅限于某个行业或主题，持仓较为集中。相较于全市场选股的基金，行业主题基金贝塔属性强，波动性较大，进攻性也更强。

按照申万分类标准，充分考虑行业发展变化和可投资性，按照产业经济上下游逻辑，综合市场主流投研习惯等因素将全体 A 股划分为六大风格板块，分别为周期、先进制造、科技（TMT）、消费、医药医疗和金融地产。

不同的行业主题对应了不同特征的产业格局和基本面特征（图 4-3）。

行业主题基金的表现和所投资行业的基本面、估值相关，也会受到市场流动性、风险偏好等外部因素的影响。当某个行业表现不佳时，相关基金也会给投资者带来不小的损失，所以投资行业主题基金需要具备一些专业能力，比如连贯地、高频次地跟踪行业最新动态，掌握产业链上、中、下游基本面变化，对行业政策环境、竞争格局、未来发展趋势等变量进行多维度分析。

图4-3 不同行业主题的产业格局和基本面特征

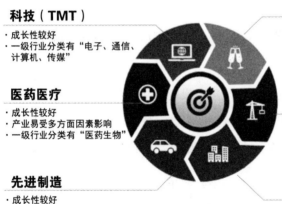

科技（TMT）
·成长性较好
·一级行业分类有"电子、通信、计算机、传媒"

医药医疗
·成长性较好
·产业易受多方面因素影响
·一级行业分类有"医药生物"

先进制造
·成长性较好
·一级行业分类有"电力设备、国防军工、机械设备（不含工程机械）、汽车、环保、综合"

消费
·行业相对稳定
·大部分细分领域的龙头长期占据市场，行业确定性较高
·一级行业分类有"农林牧渔、食品饮料、纺织服饰、家用电器、轻工制造（不含造纸）、商贸零售、社会服务、美容护理"

周期
·行业偏传统
·和宏观经济周期高度相关
·一级行业分类有"煤炭、钢铁、石油石化、基础化工、有色金属、建筑材料、建筑装饰、交通运输、公用事业"

金融地产
·行业较为成熟
·相对偏价值风格
·一级行业分类有"银行、非银金融、房地产"

每个行业都拥有自身的风险收益特征和涨跌规律，投资者可以根据投资风格将行业再细化分类。消费、医药是常见的偏长跑型行业典型代表，成长型行业有科技、先进制造等，强周期行业有钢铁、煤炭、有色等。

长跑代表－消费主题：消费主题行业基金主要将消费行业作为投资对象。在申万一级行业中食品饮料、家用电器、汽车、商业贸易、轻工制造等都属于消费行业，持有这些行业的占比达到50%或以上的基金，都可以称为消费行业基金。消费行业通常被大家称为大牛股的摇篮，消费行业周

期性弱、波动相对较小，同时，消费也是拉动国民经济的"三驾马车"之一，对投资者来说，有长期跟踪研究的意义（图4-4）。

图4-4 中证消费指数近10年走势图

数据来源：Wind资讯，中证消费指数399932，时间：2013.10.1-2023.9.30。

成长型代表－科技主题： 科技主题基金顾名思义以投资科技行业为主，科技行情的诞生主要源于中国科技产业快速崛起的大时代背景。智能手机在中国的普及，国内科技企业已经融入全球产业链，竞争力强；此外，在美国科技制裁背景下，自主可控重要性凸显，进一步加快国内科技企业发展，与此同时，科技主题也是长期备受关注的主题之一，一定程度上代表了未来的发展方向，值得投资者们长期跟踪研究。

对估值的判断也是把握行业主题基金投资的关键。对估值的分析可以参考市盈率、市净率、市销率等指标，过高或过低不是常态，均值回归是资本市场永恒的规律。因此，投资行业主题基金时，买入或撤离、加仓或减仓的时机也是需要考虑的重要问题（图4-5）。

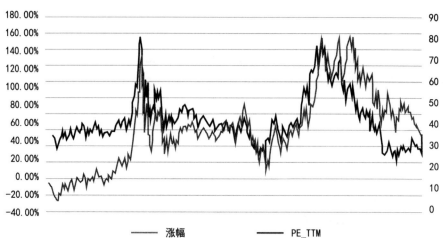

图4-5　申万生物医药指数近10年市盈率与涨跌走势

────── 涨幅　　　　　────── PE_TTM

坐标轴（右）：市盈率，坐标轴（左）：涨幅。

数据来源：Wind资讯，申万生物医药指数399441，时间区间：2013.10.1-2023.9.30。

不同行业主题的基金，投资者如何选择呢？

由于行业主题基金投资方向较为集中，所以一旦行业机会来临，对应的行业主题基金可能在短时间内表现出较强的爆发力，实现较高的超额收益。那投资者如何选择行业主题基金？

投资者需要分析该行业主题处于导入-成长-成熟-衰退的哪个阶段。导入期以概念为主，风险和潜在收益大，成长期的行业增速快，成熟期的企业利润稳定，但后劲可能不足，衰退期的行业则是投资者应该避开的。

高成长性和高确定性，并没有哪个更好，只是在不同的环境下会有不同的收益表现。

投资强周期的行业／主题基金难度较大，比如煤炭、钢铁、农业等，其基本面和股价走势有很强的周期性，一旦选错时点，很可能需要等到下一次景气周期到来才能解套。

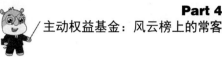

从资产配置角度分散投资行业主题基金

总而言之，行业主题基金的投资范围较窄、集中度较高，因此，最好不要全仓或者重仓某一只行业主题基金，从资产配置的角度出发进行分散投资，将单一行业或主题基金的持仓占比控制在一定范围内。

比如一些长牛型行业基金，可以作为核心持仓，占比相对偏高，而对于一些周期型、成长型行业主题基金，波动较大，在组合中可作为卫星持仓使用。

另外，还要注意部分行业基金重合度较高的问题，避免持仓的多只基金相关性较高，产生同涨同跌的现象，比如新能源车、光伏、风电等属于高度相关的行业，基金很容易出现涨跌同步的现象，所以在组合中选择其中的一个行业主题进行配置即可。

如何做好主动权益基金投资？

主动权益类基金收益与股票市场走势是高度相关的，通过投资此类基金，投资者可以获取市场或者某些特定的行业或风格的收益。此外，因为是主动管理，有专业的基金经理深耕市场，精选股票，有望获取超越市场／行业的回报。近年来，得益于中国权益市场的发展，主动权益基金带来的超额收益越来越显著，更加印证了"炒股不如买基金"的说法（图4-6）。

图4-6　近10年偏股混合基金VS沪深300指数

数据来源：Wind资讯，时间区间：2013.10.1～2023.9.30。

调研数据显示，主动权益基金仍然是较多中国投资者购买的基金种类，因此，如何做好主动权益基金投资是非常重要的（图4-7）。

图4-7 受调查个人投资者投资的公募基金品种类型

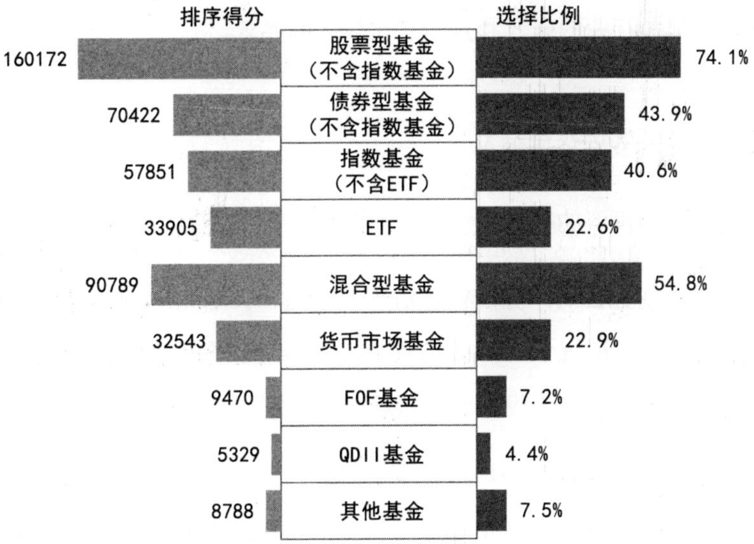

排序得分　　　　　　　　　　　　　选择比例

排序得分	品种类型	选择比例
160172	股票型基金（不含指数基金）	74.1%
70422	债券型基金（不含指数基金）	43.9%
57851	指数基金（不含ETF）	40.6%
33905	ETF	22.6%
90789	混合型基金	54.8%
32543	货币市场基金	22.9%
9470	FOF基金	7.2%
5329	QDII基金	4.4%
8788	其他基金	7.5%

数据来源：中基协《全国公募基金市场投资者状况调查报告（2020年度）》

切合自身投资目标锁定基金

在选择权益类基金时，首先要确定自己的投资目标是什么。投资目标包括投资收益要求、风险偏好、投资期限等。由于权益类基金风险相对较高，所以投资者一定要结合自身的具体情况及风险承受能力，选择相应的投资标的。

如果没有明显的行业投资偏好，想要通过基金经理的主动管理能力获取超越市场指数的收益，可以选择全市场选股的主动权益基金，这些基金的基金经理会通过选股、行业轮动、择时等方式，力求为投资者赚取超额收益。

如果有比较看好的主题或行业，例如新能源、科技、消费行业等，可以选择相应的行业主题基金。不过，这类基金通常集中投资于某一特定行业或板块的股票，受行业波动影响较大，有时会体现出一定的周期性，对投资者在某一行业的研究和判断有比较高的要求。

通过三个维度优选权益基金

确定了要投资的基金类型后，可以通过三个维度选择具体的基金产品。

一是看基金公司。可以优选信誉度较高、长期业绩出色的基金公司，这类基金公司的研究实力和投资业绩普遍得到市场的认可。大头部与小而美的基金公司都可作为投资者筛选的参考。

二是看基金经理。买权益基金可以说是在买基金经理的投资实力。理解基金经理对于投资者非常重要。任何一个基金经理都不是全能的，能力圈反映的是适合基金经理的市场环境，比如风格、行业等，最直观表现为基金经理在适合的风格与行业中业绩优异，其他领域或阶段风格则业绩不佳。了解基金经理的能力圈，对于投资者来说能更好理解后续持有过程中基金经理业绩变化的原因。

三是看基金的收益风险情况。可以通过基金历史收益表现，分析是否超过同类型基金；通过最大回撤、夏普比率等指标来评价基金的收益风险；也可以借助一些基金研究机构的研究成果，比如权威评级评价机构的基金评级、长期业绩排名、超额收益排行等综合评估。最后，根据基金定期披露的报告，可以了解到基金经理对于后市的看法和观点，并且可以进一步了解基金在各类资产、行业以及个股上的配置情况。

管住手，倡导长期持有

投资者的行为模式是影响基金投资收益的主要原因之一。持有时间过

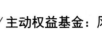

短、频繁交易、跟风追涨、过早止盈止损等行为模式对投资者的盈利体验会造成负面影响，而长期持有、坚持定投，能帮助投资者提升盈利体验。

2022年《公募权益类基金投资者盈利洞察报告》数据显示：通过大量的用户调研得出结论，基民的盈利概率和持仓时长正相关，长期投资是帮助投资者提升收益水平的重要手段。持仓时间越长，投资者平均收益率水平越高（图4-8）。

图4-8 不同持仓时长的客户收益情况

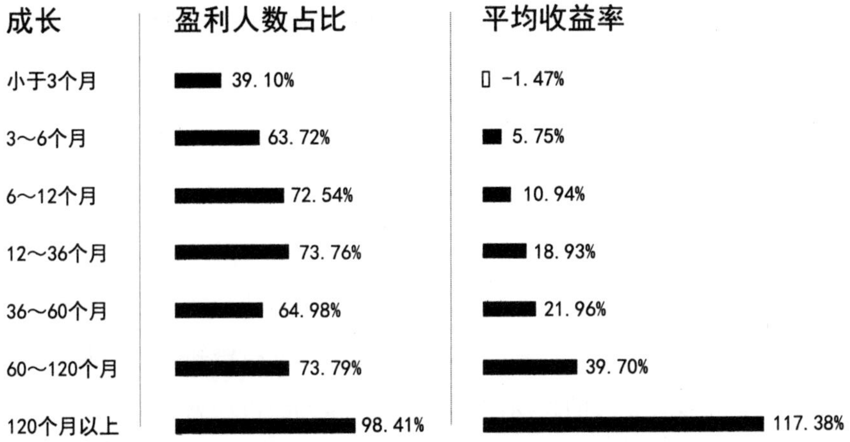

成长	盈利人数占比	平均收益率
小于3个月	39.10%	−1.47%
3～6个月	63.72%	5.75%
6～12个月	72.54%	10.94%
12～36个月	73.76%	18.93%
36～60个月	64.98%	21.96%
60～120个月	73.79%	39.70%
120个月以上	98.41%	117.38%

数据来源：景顺长城基金、富国基金、交银施罗德基金，统计区间为公司成立以来至2021年3月31日[1]

除了持仓时长，基金盈利也与交易频率有关。2020年《权益类基金个人投资者调研白皮书》用客户平均每月发生的认申购、赎回和转换等行为的次数来判断其交易频率。数据显示，交易频率也是影响盈利水平的重要因素，交易次数越多，盈利情况越差，如果能管住手减少交易次数，收益水平能明显提升。

---

1. 持有时长指标对应的是客户单个渠道单只基金的持有时间，故上表收益率数据表示客户在不同渠道购买过的每一只基金获得的收益情况。

如图 4-9 所示，半数以上客户平均每月发生不到 1 次买卖行为，其中盈利人数占比达到 55.14%，平均收益率 18.03%。但平均每月买卖次数达到 1 次以上的，盈利人数占比与平均收益率均开始下滑。

图4-9 不同月交易频率的客户平均收益情况

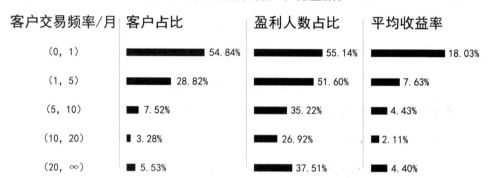

客户交易频率/月	客户占比	盈利人数占比	平均收益率
(0, 1)	54.84%	55.14%	18.03%
(1, 5)	28.82%	51.60%	7.63%
(5, 10)	7.52%	35.22%	4.43%
(10, 20)	3.28%	26.92%	2.11%
(20, ∞)	5.53%	37.51%	4.40%

数据来源：景顺长城基金、富国基金、交银施罗德基金，统计区间为公司成立以来至2021年3月31日[2]

如何提升投资者的基金持有盈利体验是基金行业长期思考的话题。好的持有体验不仅仅需要投资者自身具备一定的专业投资知识，作为专业的基金公司也要践行正确的长期投资理念：一是判断市场高估时不鼓励投资者申购，而在低估时要把握投资时点；二是要避免配置规模超过基金经理能力圈的基金；三是对于行业主题型产品，估值是一个重要的指标，同时也需要基金经理具备一定的行业和市场前瞻敏锐度，在每一个阶段，尽可能推荐擅长领域处于估值相对合理的基金产品；四是倡导长期价值投资，淡化短期业绩考核，打造长期值得信赖的好产品。

---

2. 单客户交易频率数据计算公式为总买卖基金次数／（最后一次买卖时期－首次买入日期）×365/12。

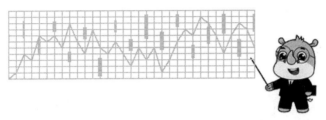

小犀课堂

本章介绍基金风云榜上的常客——权益类基金。

主动权益类基金，是指投资标的主要为股票的基金，也就是我们通常所说的股票型基金（除去被动跟踪指数基金）或混合型基金，主动型权益基金的目标是通过主动操作和配置来获取超越市场的额外收益。

本章主要介绍主动权益基金的分类和投资方法，并重点分析了不同风格和行业主题的主动权益基金的基本特点，在此基础上，对如何进行主动权益基金投资提出了几点建议。

通过本章的学习，相信你能更加清楚地掌握主动权益基金的投资要点，避免一些常见的误区。

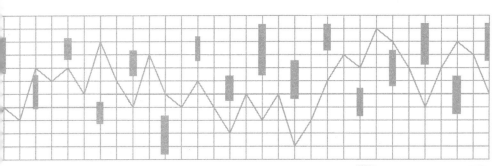

Part 5
崭露头角的指数与量化基金

· 巴菲特为何能赢得10年赌局？

· 指数增强：增强指数基金的进攻性

· ETF：像股票一样买卖指数基金

· 揭开量化基金的神秘面纱

· 如何选择量化基金？

巴菲特为何能赢得10年赌局？

巴菲特可以说是指数基金最有名的代言人了。

2006 年，巴菲特在他著名的股东大会上发起了一个赌局，赌注 50 万美金，这个赌局对所有投资人开放，可以任选 5 只对冲基金，以 10 年为周期，只要它们的平均业绩跑赢标普 500 指数，就能赢走 50 万美金。

直到 2007 年，资产管理公司 Protégé Partners 的投资经理泰德·西德斯应下这个赌局，他精选了 5 只基金，要与标普 500 指数一决高下，双方约定的比赛时间为 2008 年 1 月 1 日到 2017 年 12 月 31 日，在 2017 年距离赌局还有 8 个月的时候，这位基金经理公开认输。

巴菲特在"2017 年致股东的信"中公开了这场赌局的最终结果：10 年时间，标普 500 指数基金收益为 125.8%，而同期 Protégé Partners 的 5 只基金收益率从 2.8% 到 87.7% 不等。

巴菲特完胜，指数基金一战成名。虽然这次的胜局有一定的偶然性，但指数基金从此以后在全球投资者中深入人心。

那么，什么是指数基金？巴菲特又为何如此推崇它呢？

被动投资越来越受青睐

指数基金（Index Fund）是可以跟踪股票指数、债券指数以及混合业绩基准的基金类型，本章讨论的是跟踪股票指数的基金。指数基金顾名思义就是以特定指数（如沪深 300 指数、中证 500 指数、中证 1000 指数、标普 500 指数、纳斯达克 100 指数、日经 225 指数等）为标的指数，并以该指数的成分股为投资对象，通过购买该指数的全部或部分成分股构建投资组合，以追踪标的指数表现的基金产品。

指数基金相当于是投资一篮子股票，用以平滑单个股票的投资风险，因此它的收益也是平均过的，市场上一定有收益大大跑赢指数的股票，比如我们经常听到的"十年十倍股"。为什么指数基金在成熟市场备受投资者青睐呢？那是因为，要选中那些大牛股，还要在适当的时间买入卖出，即所谓"选股"和"择时"，其难度非常之高。

投资者往往聚焦于那些快速上涨的明星股，但即便是这些股票，也有大跌的时候。有些备受关注的"明星股"都曾有高达 60% 以上的深度调整，另外，还有的明星股只是昙花一现，无法回到曾经的高位。

在美国市场，每年都有大量股票退市，大进大出、大浪淘沙，不少年份退市股票比 IPO 的数量还多。而随着我国退市新规的实行，A 股市场近些年的退市股票也在增多，对个人投资者来说，主动选股的尾部风险在逐渐增大。

正是在这样的背景下，指数基金这样的被动投资策略开始从欧美兴起，并很快席卷全球资本市场。对投资者来说，被动投资的收益目标或许并不是获得数一数二的投资回报，而是选择自己看好的市场、板块、主题，获取相关领域的整体收益。

在美国，伴随着"巴菲特赌局"的 10 年，也是指数基金和 ETF 不断膨胀的 10 年，在这期间，被动投资基金不断蚕食主动选股型基金的资金[1]，

---

1. 参见中基协：《美国共同基金发展情况简述》2020 年第 21 期。

全球最大的资管公司贝莱德、全球最大的指数基金公司之一先锋基金，都得益于这个过程，积累起巨大的资产管理规模。

股票指数是怎么编制出来的？

指数基金挂钩的是特定的股票指数，那投资者熟悉的股票指数是怎么编制出来的呢？

编制股票指数有一套专业复杂的系统，一般由证券交易所、金融服务机构、咨询研究机构或新闻单位等专业性机构编制和发布。其中比较经典的计算方法可参考以下公式，逐日实时计算：

$$实时指数=上一交易日收市指数 \times \frac{\sum（样本股实时成交 \times 样本股权数）}{\sum（样本股上一交易日收市价 \times 样本股权数）}$$

样本股：指纳入指数计算范围的股票。
样本股权数：为样本股的自由流通量，分子项和分母项的权数相同。

从公式中我们不难发现，个股股价的实时波动会导致股票指数的不停变动。由于计算机超强的计算能力，股票价格指数的变动已几乎可以跟个股价格的变动同步。而对指数具有决定性影响的是选取的样本股，通常指数的名称会包含相关的信息。

比如上证指数，其全称是上海证券综合指数，样本股是在上海证券交易所挂牌的全部股票，以发行量为权重加权综合计算；再如深证成分指数，是以深圳证券交易所的 500 家有代表性的上市公司作为样本，用样本股的自由流通股作为权重。

指数基金是重大的金融创新

指数的编制初衷是为了让投资者方便看行情走势，后来，指数本身也成为一种投资标的。

个人投资者基本不可能直接买入指数中的一篮子股票。比如，投资沪深 300 指数，投资者就要按照该指数的成分股及其权重买入相应股票，买入所有 300 只股票所需的本金和所花费的精力都较多。

这时候便诞生了一种创新的金融产品：指数基金。个人投资者虽然没法投资指数，但是基金公司可以将许多个人投资者的资金凑在一起，形成足以投资指数的资金规模，从而按照特定权重比例买入相关的成分股，这就是指数基金投资的原理。基金公司发行指数基金，个人投资者向基金公司认 / 申购基金份额，便可以分享股票指数上涨所带来的收益。

世界上第一只指数基金是先锋基金于 1976 年推出的先锋 500 指数基金，跟踪美国标普 500 指数，至今仍在沿用。[2]A 股市场第一只指数基金则出现于 2002 年，挂钩的是上证 180 指数。

指数基金的优势，简单归纳起来有如下几点。

（1）**吐旧纳新**。指数成分股定期"优胜劣汰"，可以说是"永远年轻"。就像巴菲特赌局的结果那样，成熟市场中专业的基金经理都可能跑不赢指数。当然，指数基金的业绩是平均过的业绩，不能期望靠指数基金一夜暴富。

（2）**分散风险**。买个股可能踩雷，行业或主题指数基金囊括了成百上千只股票，就算权重股大跌，指数基金的损失也会在一定程度得到缓冲。宽基指数则相对受个股的影响更小。当然，指数基金不能避开系统性风

---

2. 参见《【利得金融投教小课堂 129】"救市"神器了解一下——轻松了解 ETF（二）》。

险，如果某个行业整体不景气，那该行业的指数也会随之下跌；如果遭遇2008年金融危机那样的黑天鹅事件，那标普500、沪深300等指数也都会重挫。

（3）**费率较低**。指数基金由于只需要贴合指数，对基金经理主动选股的要求不高，因此其管理费、托管费、申购费等都低于主动选股基金。

（4）**透明度高**。指数基金管理过程受人为影响较小。投资者只要根据目标指数的情况即可大概判断出所投资基金的净值变动情况。

对普通投资者来说，没有太多时间和能力精选个股，那么指数基金非常适合作为常备的理财产品。尤其对于新手来说，可以通过风险适度分散、成本更低的方式进入市场，逐步增加对股市的认知，积累了一定的经验之后，再用一部分资金投资其他股票型基金甚至是个股，来追求更高的投资回报。

指数基金分类

根据所投标的的不同，指数基金主要分为以下五种类型。

（1）**规模指数型基金**：标的指数是以市值大小为确定标的成分的主要依据，并按市值加权构建的指数，具有非常强的市场代表性。比如沪深300指数、上证50指数、中证500指数、中证1000指数等。

（2）**风格指数型基金**：标的指数通过分析成长因子、价值因子的方法确定成分标的而构建的指数。比如沪深300成长指数、沪深300价值指数等。

（3）**行业指数型基金**：标的指数是将单一或少量几个行业中的标的设定为成分标的而构建的指数，仅反映该行业情况。比如中证食品饮料指数、中证信息技术指数、上证能源行业指数、上证医药卫生行业指数等。

（4）**主题型指数基金**：标的指数是从特定主题的角度出发确定成分标的而构建的指数。相比行业指数型基金，不少主题指数型基金的行业分布更宽泛。比如中证人工智能主题指数、中证内地低碳经济主题指数、中证数字经济主题指数等。

（5）**策略指数型基金**：标的指数是根据某种选股策略筛选成分股编制的指数。典型的如红利指数，根据分红频率与数量筛选成分股。比如：中证红利指数、中证国有企业红利指数、深证红利指数等。

指数基金适合长期定投

对普通投资者来说，指数基金是更适合定投的基金。

美股虽然大部分时间熊短牛长，但并不是一帆风顺、匀速上涨的，也有暴跌的时候。比如，1997 ～ 2009 年，经过世纪之交的互联网泡沫到 2008 年的全球金融危机，标普 500 指数同样涨幅为零。但是，如果当年悲观离场，那你将错过其后长达 10 余年的超级大牛市。

所以，择时的难度相比于选股只高不低。长期定投指数基金，对 A 股和美股同样适用。它可以无惧市场短期起伏，在长期定投的过程中摊薄成本，积攒份额。

现在市场上有许多可以投资海外股市（主要是港美股）的指数基金，普通投资者也可以定投海外股市，分享各市场上涨的红利。

指数增强：增强指数基金的进攻性

指数增强基金是在指数基金的基础上，争取实现"增强"的效果。它介于主动管理基金与被动管理基金两者之间，在被动跟踪指数的同时，加入了主动管理的策略。

与被动管理的指数型基金不同，指数增强基金投资于标的指数成分股和备选成分股的资产不低于非现金资产的 80%，也就是说，基金经理可以使用剩下最多为 20% 的非现金资产投资于指数成分股和备选成分股以外的股票或其他投资品。

因此，指数增强基金也是在指数基金基础上的一种金融创新产品。

与指数基金和 ETF 相比，目前市场上指数增强基金的规模不算大，常见的是宽基指数的增强，比如沪深 300、中证 500、创业板指数增强等，也有行业或主题增强基金，比如消费龙头指数增强、人工智能指数增强、国企红利指数增强等。

指数增强策略的超额收益

从指数增强的定义可以看出，指数增强策略的收益分为两部分：指数本身的收益和超额收益。

指数本身的收益比较容易理解。根据基金合同，由于基金中的大部分资产都购买该指数的成分股，所以当该指数上涨时，基金自然可以获得相应的收益。

那么，指数增强基金可以从哪些方面进行"增强"，从而获取超额收益呢？

（1）**调整成分股结构**。在所跟踪指数的成分股中"去芜存菁"，加大优秀股票的投资权重，提高基金持仓的质量。

（2）**增加非指数成分股**。基金经理可以使用剩下最多20%的非现金资产投资于指数成分股和备选成分股以外的股票，包括申购新股。

（3）**增加股票以外的投资品**。基金经理可以根据市场情况，在投资组合中加入股指期货等投资品种。

以某中证500指数增强基金为例，我们可以从图5-1中较为直观地看到两种收益的展示。

图5-1某中证500指数增强A累计净值增长率与同期业绩比较基准收益率的历史走势对比图

—— 某中证500指数增强A累计业绩基准收益率 —— 某中证500指数增强A累计净值增长率

数据来源：Wind资讯，时间区间：2020.1.1-2023.6.30

从图 5-1 中可以看到，代表基金累计净值增长率的深色线段相较于成立日取得了大于 60% 的区间涨幅。由于"增强"部分配备得当，长期积累后，该基金的 A 份额均取得了较业绩基准超过 55% 的超额收益[1]，所以表现在图上就画出了一个很漂亮的"剪刀差"。

当然，不论选择哪种增强方式，指数增强基金在投资的过程中不能过度偏离标的指数，且在投资范围、跟踪误差等方面都会受到限制。

如何选择指数增强基金？

投资者在选择指数增强基金时，除了遵循普遍的基金投资理念之外，还要关注以下几点。

（1）根据自身风险偏好选择标的指数

标的指数是产品的业绩比较基准，与普通的指数基金一样，指数增强基金跟踪的指数也有大盘／宽基指数和行业指数两类。不同跟踪标的指数各自的市场风格、收益水平和风险特征都有所不同。在选择投资标的时，需要根据自己对市场的理解与判断，选择适合自身风险偏好的指数产品进行配置。

（2）选择值得信赖的基金经理与增强策略

指数增强型基金是在保持对目标指数有效跟踪的基础上，通过对投资组合进行主动管理，暴露适当的风险来捕捉一定的超额收益，力求实现超越目标指数投资收益的一类指数型产品，核心在于对跟踪误差和超额收益的取舍平衡。

虽然指数增强"被动为主、主动为辅"，但不同的基金经理与增强策

---

1. 上述超额收益指：针对业绩比较基准的超额收益。

略对超额收益的影响依然至关重要。选择增强型指数基金时，基金经理的投资风格是否稳定、增强策略是否可持续，往往是首先要考虑的问题。

ETF：像股票一样买卖指数基金

指数基金是一次重大的金融创新，ETF 可谓是在指数基金的基础上，再一次的金融创新。

ETF（Exchange Traded Fund），即交易型开放式指数证券投资基金，简称"交易型开放式指数基金"，又称"交易所交易基金"。

ETF 本质上是一种指数基金，与传统的指数基金相比，ETF 买卖更加方便，因此对投资者具有独特的吸引力。投资者既可以像买卖股票一样在二级市场买卖 ETF 基金，也可以像传统的指数基金一样，向基金管理公司申购或赎回 ETF 份额。

ETF后来居上

1993 年，美国的第一只 ETF——标准普尔 500 存托仓单（SPDRs）诞生，之后，ETF 便成为美国历史上增长最快的金融资产。据 Wind 资讯数据，截至 2021 年年底，美国 ETF 规模已经突破 7 万亿美元。

2003 年，ETF 开始走向亚洲市场。当年 5 月 2 日，2 只 ETF 在中国香港上市，分别是跟踪韩国和中国台湾股市的 MSCI 韩国指数基金和 MSCI 台湾指数基金，同年 6 月 30 日，中国台湾第一支 ETF——宝来台湾卓越 50 基金正式挂牌上市。[1]

---

1. 引自中基协组编的《证券投资基金》第二版教材。

A股市场第一只ETF是成立于2004年底的上证50ETF。此后，A股的ETF市场的数量和规模一直保持较快增长态势。

据上海证券基金评价研究中心统计，截至2022年年底，沪深两市存续ETF数量为763只，存续规模为16108.43亿元。近年来，ETF数量和规模在整个公募基金中的占比不断提升，截至2022年年底，ETF规模在公募行业中占比已经超过6%，处于历史最高水平。（图5-2）

图5-2　ETF历年规模和数量变化

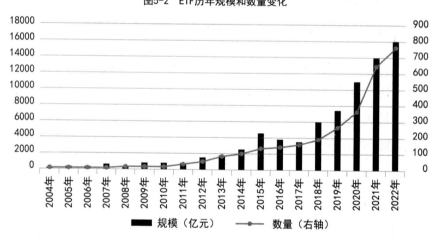

数据来源：Wind资讯，上海证券基金评价研究中心

ETF自诞生以来就不断推陈出新，先后在投资区域（单一国家、单一地区、全球）、投资标的（股票、债券、货币市场、黄金等商品）、投资策略（高息、多空、杠杆）乃至投资模式（指数化、主动管理）等多方面创新，为投资者提供了丰富的多元化投资产品。

ETF相对传统开放基金的优势

ETF能够在全球资本市场脱颖而出，是因为它比一般的开放基金有一定的优势。

若拿最常见的股票 ETF 打比方，我们不妨把它看作一个篮子，篮子里可以装上瓜果蔬菜，分散透明，且非常地便捷。（图 5-3）

图5-3 ETF基金的四大优势

高透明度：
菜篮子里有什么，一目了然——ETF成分股透明，每天公布

分散投资：
持仓一篮子股票，降低个股风险

交易便捷，费率低：
ETF管理基金和托管费都比一般基金低，交易费与股票相同，但不收印花税

参与方式灵活：
申购、赎回或场内交易均可以参与

它具有如下特点。

高透明度。不同于一般的开放式基金，ETF 持仓通常是透明的。投资者可以根据交易所和基金公司网站的公开信息，每日获得 ETF 的申购赎回清单（PCF），而这一份清单往往和 ETF 的真实持仓非常接近。另外，目前多数 ETF 产品都是以完全复制标的指数的收益为目标，因此投资者也可以从指数的权重分布来获得 ETF 基金的大致持仓。那高透明度有何好处呢？简单说就是不容易发生风格漂移。当市场风格大幅切换的时候，主动投资可能需要考虑调整持仓，而透明度高的 ETF 往往始终跟随指数，不会切换赛道或风格。

分散投资。相比于股票投资或者持仓较为集中的主动基金，ETF 持仓股票的数量往往更多。对于一般窄基类或者行业主题类 ETF，其持仓数往往不会低于 30 只；而对于宽基类 ETF，其持仓数量则会更高，往往能达到 100 只甚至上千只。分散投资在增强某一行业或风格暴露的同时，放弃了个股的个性化差异，一定程度上起到抚平波动的作用，因此往往能够提供投资者相应的 beta 收益。同时，由于 ETF 指数化投资的维度凌驾于个股投资之上，所以当出现板块性或风格性机会的时候，也可以帮助投资者简化个股选择的过程。

参与方式灵活。投资者既可以当天申购并卖出 ETF 份额，也可以当天买入并赎回 ETF 份额，借助这两种方式可以变相地实现日内回转交易，进一步增强了 ETF 场内交易的活跃性。投资者可根据个人的资金情况，灵活地选择申赎或场内交易方式来参与 ETF 投资。

交易便捷、费率低。ETF 交易和股票非常相似，仅须在交易软件中输入 ETF 代码即可以进行交易；若与一般开放式基金对比，ETF 实时交易的特征显然要比一般基金一天一价灵活许多，因此越来越多的投资者愿意通过 ETF 来参与市场风格或行业主题交易。从费率角度看，ETF 的交易成本比一般开放式基金低，随着信息传递效率提升，A 股的行业或风格轮动加剧，偏好交易的投资者有时会选择短期买卖换手，而对于 ETF 来说场内卖出不涉及赎回费，投资者甚至可以选择当日买次日卖，因此交易成本比参与一般主题型基金低。

交易便捷方面，ETF 的优势较为突出。我们看一个例子：假设投资者持有两只基金，一只是上证 50 指数基金，一只是上证 50 指数 ETF。

在某个交易日，上证 50 指数受利空因素影响，开盘即大跌 0.5%。这时候，你判断上证 50 指数还将继续下跌，于是决定卖出手上的上证 50 指数基金和上证 50 指数 ETF。接下来，市场果然大跌，上证 50 指数最终全天跌去 2%。

对于传统的指数基金，尽管准确判断了市场接下来的走势，早早申请赎回，但是由于要在收盘后计算净值赎回，所以你还是没能躲开大跌，最终亏损 2%。

对于 ETF，你可以立刻在股市上卖出 ETF，可能最终的亏损只有 0.5%。

在市场上涨的时候，ETF 也可以快速反应，而传统的开放式基金则有一天的延时。所以，ETF 可以帮助投资者快速抓住市场机会。

从上述例子可以看出，ETF 让投资者可以更灵活、更方便地进行市场操作，因此其流动性大大高于传统的指数基金。

ETF一二级市场的套利[2]

ETF 实行一级市场与二级市场并存的交易制度。

在一级市场上，只有资金达到一定规模的投资者（基金份额通常要求在 30 万份、50 万份甚至 100 万份以上）可以随时在交易时间内跟基金公司进行以股票换份额（申购）、以份额换股票（赎回）的交易。

实物申购、赎回机制是 ETF 最大的特色之一。也就是说，投资者在一级市场申购 ETF，需要拿这只 ETF 指定的一篮子证券或商品来换取；赎回时得到的不是现金，而是相应的一篮子证券或商品；如果想变现，需要再卖出这些证券或商品。

在二级市场上，ETF 与普通股票一样在市场挂牌交易，所有投资者均可按市场价格买卖 ETF，交易门槛与普通股票相同，即 1 手 100 份起。

---

2. 引自中基协组编的《证券投资基金》第二版教材。

一级市场的存在使二级市场的交易价格不可能偏离基金份额净值很多，否则两个市场的差价会引发套利交易。（图 5-4）

图5-4 ETF一二级市场的套利

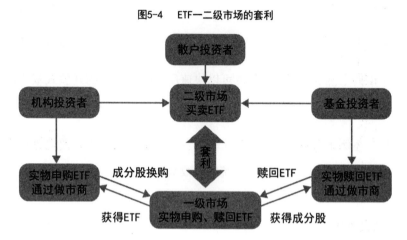

ETF 的套利交易，具体而言，当二级市场 ETF 的交易价格低于其份额净值，大的投资者可以通过在二级市场低价买进 ETF，然后在一级市场赎回份额，再于二级市场上卖掉股票而实现套利交易；相反，当二级市场 ETF 交易价格高于其份额净值，大的投资者可以在二级市场买进一篮子股票，于一级市场按份额净值申购为 ETF 份额，再于二级市场上高价卖掉 ETF 而实现套利交易。

套利机制的存在会迫使 ETF 二级市场价格与份额净值趋于一致。正常情况下，套利活动会使套利机会消失，因此套利机会并不持续。

ETF联接基金

ETF 联接基金是以绝大部分基金资产投资于目标 ETF 基金（基础基金）的基金产品。一般投资于目标 ETF 基金的比例不低于基金资产净值的90%。

大多数 ETF 都是场内交易的，也就是说，需要有股票账户才能买卖
ETF。但是很多投资者并不是股民，他们通常主要投资银行理财产品或是
通过基金销售三方平台买基金，如果他们也想买 ETF，怎么办呢？

可以通过联接基金解决这个问题。银行或者第三方平台的投资者可以
通过 ETF 联接基金申购 ETF。如果在一些三方销售平台看到"ETF"，通常
就是联接基金。

如此一来，ETF 就可以吸引大量银行和互联网平台的客户参与，从而
大大增强其影响力。

那么，ETF 与 ETF 联接基金有什么区别呢？具体如下。

（1）ETF 投资标的是指数的成分股，ETF 联接基金则投资 ETF 基金。

（2）ETF 在一二级市场都可以买卖以及申购／赎回，而 ETF 联接基
金只能进行申购／赎回。

（3）ETF 联接基金支持定投，但 ETF 不支持。

（4）仓位不一样：ETF 仓位几乎可以达到基金净资产的 100%，但是
ETF 联接基金为了应对基金的申购与赎回，一般约定，每个交易日日终在
扣除股指期货和国债期货合约须缴纳的交易保证金后，仍须保留不低于基
金资产净值 5% 的现金或者到期日在一年以内的政府债券。

揭开量化基金的神秘面纱

说起量化基金，不能不提华尔街最伟大的对冲基金经理之一詹姆斯·西蒙斯创立的量化对冲基金——大奖章基金。

西蒙斯曾是世界级的数学家，他于 1978 年离开学术界创建投资基金文艺复兴公司。数十年来，该公司开发了许多数学模型来进行分析和交易，无论是 1998 年的俄罗斯债券危机、21 世纪初的互联网泡沫，还是 2008 年的全球金融危机，文艺复兴公司始终屹立不倒，令有效市场假说黯然失色。

从 1988 年创立以来，文艺复兴公司旗下的大奖章基金在 30 年的时间里为投资者取得了高达 39.1% 的平均年化收益，令人咋舌。

由于文艺复兴公司极为重视保密工作，所招聘的基金经理都要签署一份长达 30 多页的保密文件，因此外界对大奖章基金的量化模型知之甚少。

量化基金对于普通投资者来说，似乎蒙着一层神秘的面纱。那么，到底什么是量化基金，国内公募量化基金发展情况又如何呢？

什么是量化基金？

量化基金，就是通过人工智能、数据挖掘、统计分析等技术面上的支持，将基金管理人的投资思想、投资经验反映在量化模型中，利用计算机帮助人脑处理大量的信息、总结归纳市场的规律，建立一个可以重复使用并且反复优化的投资策略，来指导投资决策。

通俗地说，量化基金是由一群精通数学、统计学、计算机的基金经理，在看似没有规律的股票市场中找到运行规律，然后搭建投资模型，并按照其方法去投资的基金。

量化基金与人为决策的传统基金不同，人在其中的作用在于构建包含足够信息并能对信息进行有效处理的投资决策系统，而其选时选股决策是基于投资决策系统的信息处理的结果。量化基金独特的决策流程决定其决策过程中受人主观因素影响较小，这可以一定程度避免投资者扭曲面对的信息，作出过度反应。

由于量化模型主要是根据历史数据来构建的，一旦外部环境发生变化或者发生某些重大事件，如基本面上的变化等，其有效性很可能就会受到影响。

1969 年，美国第一只量化基金成立，1988 年，文艺复兴公司转向量化领域并成立了大奖章基金。根据海外学者的研究（Factor Features: Not Your "90s Quant"），截至 2019 年二季度，美国量化基金规模占美股总市值的比例接近 9%，量化基金整体规模约为 3.3 万亿美元。成交量方面，业界普遍认为，近年来美国广义算法交易的成交额占比达到了 75% 左右。

2004 年，中国市场推出了首只采用量化策略的基金。2009 年之后，多家基金公司逐步开始重视量化团队的建设，多只量化基金也随之问世。近些年，越来越多的基金公司推出量化策略的基金，其背景是，A 股的深度和广度已经与十几年前不可同日而语，截至 2022 年年底，包括北交所在内的 A 股上市股票已经超过 5000 只，一家基金公司的研究能力再强，能把握和持续跟踪的公司也不过数百家，借助程序化的计算机模型能够跟踪和发现大量人力不及的投资机会。

而 A 股的市场化改革以及智能化交易技术的不断完善，也为量化基金提供了发展的基础和条件。

量化基金的主要类型

一般将国内公募量化基金的产品分成主动量化型、指数增强型和对冲型三类。

（1）主动量化基金

主动量化型基金，是通过对历史数据的统计分析，买入未来上涨概率更大的股票，构建投资组合。一般是全市场选股，基金名字中往往带有"量化""多因子"等字眼。主动量化产品尽管当下总规模不是很大，但受到投资者的关注与日俱增。

有些量化基金将价值投资和量化投资结合起来，其核心就是通过数量化投资策略去进行风险控制，再加上主动投资的策略就可以在风险可控的情况下，力争获取市场的超额收益。

可以将量化模型和主观操作比喻成汽车的自动驾驶和人工驾驶。对量化基金来说，在绝大多数时候，都可以依靠自动驾驶，但在少数情况下，如果发现自动驾驶出现了问题，就应该关掉自动驾驶，手动驾驶一段路，这就是量化和主观的结合。量化和主观，可以互相融合，各取所长。

（2）量化指数增强基金

我们在本章介绍过指数增强基金。如果在跟踪指数的基础上，利用量化方式适当调整投资组合的持仓结构，以期在跟踪指数 β 收益的基础上，再获得额外的 α 收益，我们就称之为量化指数增强基金。

在我国公募的量化基金中，指数增强型产品的规模最大，因此，投资者买的量化基金大多是指数增强产品。目前比较具有代表性的是沪深 300 增强和中证 500 增强，另外还有中证 1000 增强、中证红利增强，以及各行业指数增强基金等。

（3）对冲量化基金

通过股指期货对冲掉市场的 β 波动，以获取绝对收益为目标。

量化对冲基金的主要投资策略就是用股指期货对冲掉市场的风险，依靠选股赚超出市场部分的收益，即 α 收益。举例来说，某基金在买入股票的同时做空股指期货，假如它持仓的股票上涨了 3%，而市场上涨了 2%，那么它股票持仓部分的收益是 +3%，股指期货持仓部分收益 -2%，整体收益 3%-2%=1%；如果持仓股票下跌了 2%，而市场下跌了 3%，那么它股票持仓部分的收益为 -2%，股指期货持仓部分收益 +3%，整体收益也是 1%。也就是说，该量化对冲基金只赚股票超出市场涨幅部分的收益。

这类产品表现比较稳定，符合很多投资机构的投资偏好，因此机构占比往往较高。

根据 Wind 资讯数据，截至 2022 年年底，公募量化产品总计 434 只，其中主动量化产品 219 只，指数增强产品 191 只，对冲型产品 24 只。公募量化产品的总规模为 2447.11 亿元，其中主动量化产品 685.89 亿元，指数增强产品 1636.79 亿元，对冲型产品 124.44 亿元（表 5-1）。

表5-1 量化基金产品分类（截至2022年年底）

种类	特征	数量（只）	规模（亿元）
主动量化基金	持股数量多，持仓较为分散；交易活跃，有一定的换手率；注重选股与择时	219	685.89
量化指数增强基金	对基准的追踪误差有约束，目标为在维持一定跟踪误差的情况下获取超越基准的业绩	191	1636.79
对冲量化基金	用股指期货对冲掉系统性风险；更注重回撤控制、追求大概率的绝对收益	24	124.44

数据来源：Wind资讯

量化基金的特点

量化基金有几个非常明显的特点。

（1）持仓分散

量化投资讲究的是分散——只有多次下注多标的的投资，才能把51%的投资胜率加工成持续盈利的策略。就是这个原因，整体而言，量化投资持有的股票数量会偏多，平均市值偏小，而主流的传统主动投资持有股票的平均市值相对更偏大。

以某量化成长混合基金为例，根据该基金定期报告，截至2023年年中，该基金重仓的单只股票最高持仓比例为0.77%，合计持有股票数量达757只。

值得说明的是，并不是所有的量化基金名字里都带有"量化"两字，我们可以查看基金公开的"投资策略"，如合同、招募说明书等，并观察其重仓股和全部持股数量，来加以判断。

大多数量化基金以全市场选股为主，覆盖的行业和个股相对较广，配置的个股数量较多，前十大重仓股占比不高（一般低于20%）。如果我们

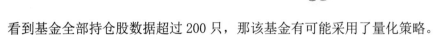

看到基金全部持仓股数据超过 200 只，那该基金有可能采用了量化策略。

（2）换手率高

主流的传统主动投资认为股票的本质是上市公司的股权，核心观点是"要和优秀的公司一起成长"。在这样的方法论下，其换仓频率偏低，甚至一只股票持有一两年也很正常。

相比之下，量化投资的换仓频率就会更高。比如公募基金比较常用的基本面量化策略，也就是公募主流的量化策略，赚的是上市公司短期业绩和股价不匹配的钱。一只股票的平均持有期限可能在一两个月。如果是偏技术面的量化策略，换手率就更高了。

换手率高意味着成交量高。所以这几年 A 股成交量变大，其中量化基金也贡献了一定的力量。

有一种说法是，量化基金会加剧市场的波动，因为按照有些量化模型，当市场下跌的时候，趋势性策略可能会作出卖出的决策，从而加剧市场的下跌。但其实这要一分为二地来看，这类策略也只是量化策略中的一部分，也有相当比重的量化策略采用反转策略，当市场下跌时，量化模型反而可能会作出买入的决策，这类量化策略并不会加剧市场波动。

量化投资在国外发展的时间很长、规模很大，但多年以来并未明显加大市场波动。具体来看，美国股票量化交易的份额长期呈现上升趋势，但美股的波动性总体并未出现上升，极端波动性出现在量化基金发展的各个阶段，且均是由于系统性风险事件所引起。

（3）大量投入于量化模型的研发

量化基金的"因子"往往是其获取超过市场平均收益的原因。整个量化基金的模型是不断变化的，会不断加入一些有效的因子，剔除掉无效的因子或者进行调整。因此量化基金往往会对信息系统、算法算力的要求非常高。

主流的传统主动投资中，投研团队可能每年花大笔的钱在上市公司调研上，而量化团队则需要大量投资于买数据、买服务器、买显卡、买CPU。

高频交易

高频交易，是量化交易的一种。美国 SEC 认为符合以下特征的交易即为高频交易。

（1）用超高速计算机系统下单；

（2）为了减少网络延时，大多数高频交易商将主机放在交易所机房或附近，距离交易所主机越近越好；

（3）持仓时间极短；

（4）下单和撤单频率极高。

与技术上相对落后的投资者相比，此类公司靠技术优势获得的时间优势先行下单，从而获取收益。随着高频交易规模增加，市场整体成交量不可避免地会被放大。不过，由于 A 股主板实行 T+1 制度，这使得中国的高频交易受到较大的限制。与海外发达资本市场的高频交易相比，中国的高频交易比较适合用高换手来形容。

量化在某些特殊情况下可能会带来踩踏波动，但模型修复能力也是很强的。其对股市的长期影响是减少无效定价，让股市更有效。

如何选择量化基金？

量化基金的操盘者多是理科生，且有大奖章基金这样的传奇加持，因此显得厉害又神秘。相对传统的主动基金而言，量化基金确实有一定的优势，但从国内和国外的历史数据来看，量化基金也是良莠不齐，并不必然都能取得超出市场的好成绩。

量化基金因其覆盖面广，适合普通投资者作为账户的基础仓位配置，也有助于分摊其他偏股基金的潜在风险。

另外，量化基金往往在可选标的特别多的市场环境下，更容易跑出业绩来，因为量化相对更容易覆盖到别人没发现的细分机会。投资量化基金更建议从长期资产配置的理念出发，以一年或更长的时间维度来进行投资决策。

跟选择其他基金一样，选择量化基金也需要看历史业绩、基金经理、最大回撤这几个关键指标，除此以外，投资者最好能对量化基金的策略风格有所了解。

选策略、看风格

简单点说，量化交易就是基金经理把自己的投资策略写成程序，然后让这段程序代替自己去买卖股票。也就是建立一个选股模型，给股票打分，择优购买。

以多因子基金为例，它是根据对 A 股运行特征的长期研究，利用长期积累并最新扩展的数据库，科学地考虑了大量各类信息，选取估值、成长、质量、市场和一致预期等几大类对股票超额收益具有较强解释度的因子，以此构建模型，从市场中选择股票进行投资。

要持续获取超额收益，优秀的量化基金需要根据市场变化及时调整自己的模型。模型的动态调整，就是不断迭代模型，不断提升整体模型的适应能力。

普通投资者可能很难搞懂量化基金所采用的模型，我们可以通过这种方法分辨其优劣：看其在某一段时间内，有多少交易日能够跑赢比较基准。跑赢基准的天数越多，说明量化模型优势越明显。

近两年来，公募指数增强基金开始使用机器学习和深度学习等新技术丰富收益来源。

就公募基金而言，很少是程序全自动交易的，而且 A 股实行的 T+1 交易制度，同时公募基金还禁止日内反向交易，所以基本是以中低频策略为主，私募量化产品也不全是高频策略，周度或者月度的中低频策略也比较多，所以并非量化投资就一定速度很快。但近年来，越来越多的机构也开始尝试更高频的周度甚至日间策略，极大地缓解了策略拥挤的问题。

除了新的策略和技术以外，新的数据在公募量化投资领域的运用也将越来越广泛。近年来，随着另类数据提供商的不断增加，数据整体质量有了明显提升。也有越来越多的机构投资者开始尝试将一些另类数据运用到投资实践中。这些基于另类数据的策略也将有效地改善策略拥挤的问题。展望未来，随着另类数据质量和类型的不断丰富，另类数据在量化投资中将会得到更加广泛的应用。

看历史业绩

与其他基金一样，量化基金业绩也要从多方面考量：从绝对收益来看，是否取得了正收益；从相对收益来看，基金业绩在同类排名是否靠前；从业绩稳定度来看，考察基金回撤幅度及波动率。

获取收益和控制风险是量化基金的两大核心，管理资产的本质是管理风险，评价一只量化基金的优劣是不能仅看业绩回报的，更多的要看其对风险的控制能力。风险控制才是对量化模型的真正考验，多因子策略里，因子模型只是其中之一，还有交易模型、风险模型等。

具体选择量化基金，还需要考量基金表现是否具有一致性。如果量化策略是急涨急跌，且收益可观的风格，那就需要观察它能否在风格合适的时候赚取较高的收益。如果一个策略有比较清晰的特点且表现长期一致，投资者才能结合自身情况更好地进行判断和选择。

基金经理同样重要

量化投资是指根据事先设定好的数量指标，通过程序运算出要投资的指令进行投资。在整个投资过程中，人工参与的只有对于数量指标的前期研究工作，而之后的结果输出及指令下单均严格按照程序结果执行。但是这并不意味着量化基金中没有人为因素，相反，量化投资的模型只是一个框架和工具，如何使用工具就得看背后的人——基金经理，这也是量化基金业绩呈现差异的主要原因之一。

国内的主动量化基金主要是采用多因子模型，但是基金业绩差异却很明显，主要原因就在于模型的构建和使用上。量化策略其实都是工具，工具本身没有能力高低的差异，更多的还是看使用工具的人的能力和水平，以及其本人对市场的理解，同样一个量化策略不同的人去执行，可能会有非常大的差异。

虽然依靠模型选股，但是基金经理的市场敏感度和投资的能力同样重要。更进一步说，量化基金的"舵手"除了要懂市场，会分析市场，还要懂技术，理解模型选股。一般来说，量化基金经理都有亮眼的理工科背景。

量化基金规模不宜过大

有人认为，量化基金覆盖的行业和个股较多，加上量化模型的"可复制性"，可以让基金快速覆盖其他未覆盖的赛道领域。因此，量化基金可以容纳比较大的规模。

其实，通常来说，一个好的量化策略的容量是有限的，超出这个容量的资金可能会让原先的策略完全失效。

而且，量化基金并不完全排除基金经理的主动管理。基金经理能管理的资金规模也是有限的，资金量大了，就意味着需要购买的标的资产更多，如何保证买到的都是优质资产，需要基金经理能力圈及综合投资能力的提升。

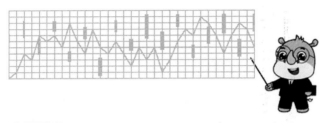

小犀课堂

本章继续为大家介绍进阶的基金投资品种：指数基金、指数增强基金和量化基金。这些基金品种在诞生的时候，都是颇受市场欢迎的金融创新。

指数基金是巴菲特推崇的适合普通投资者的投资品种，指数增强基金则在指数基金的基础上增强了进攻性，而 ETF 可以让投资者像股票一样买卖指数基金。

量化基金是将基金管理人的投资思想、投资经验反映在量化模型中，利用计算机建立一个可以重复使用、反复优化的投资策略，来指导投资决策。

至此，我们已经将常见的公募基金品种介绍完毕。那么，到底怎样才能挑选到适合自己的好基金呢？下一章将展开讨论。

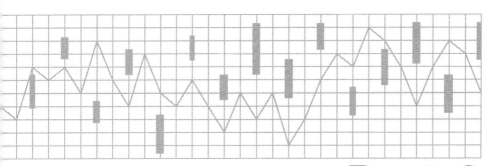

Part 6
如何挑选适合自己的基金

如何评估基金的业绩？

评估某只基金的业绩，不能仅看它实现的回报率，还需要知道该基金的业绩是来自成熟的投资管理、精准的市场节奏把握还是较高的风险暴露？

只有通过完备的投资业绩评估，投资者才能决定是否投资某只基金，基金公司才能据此判断该基金的基金经理是否胜任。

评价基金业绩需要考虑的因素[1]

不同基金的投资目标、范围、比较基准等均有差别，基金的表现不能仅看回报率，为了对基金业绩进行有效评价，以下因素必须加以考虑。

（1）投资目标与范围

投资目标与范围不同的基金，其投资策略、业绩比较基准都可能不同。货币基金主要投资于货币市场，风险较低；指数基金则以指数成分股为主要投资对象，以获取与指数大致相同的收益率为投资目标，很显然，货币基金和指数基金作为两种不同投资方向的基金不具备可比性。同样是股票基金，投资于中小盘的与投资于大盘的基金，业绩也不具备可比性。因此，进行业绩比较时，必须考虑基金的投资目标、投资范围的设定。

（2）基金风险水平

根据风险报酬理论，投资收益是由投资风险驱动的，风险越大，所要

---

1. 内容摘自中基协组编的《证券投资基金》第二版教材。

求的报酬率就越高，所以市场上一些平均收益率高的基金，大多它们也承担了较高的风险，所以在基金业绩评价的过程中，要对其风险进行评估。

（3）基金规模

基金存在一些固定成本，如信披费和律师费等，与小规模基金相比，规模较大的基金的平均成本更低，规模较大的基金可以有效地减少非系统性风险。

（4）时期选择

同一基金在不同时间段内的表现可能有很大的差距，业绩计算开始与结束时间不同，基金回报率和业绩排名可能会有较大的差异，因此，业绩评价时需要计算多个时间段的业绩，如近6月、近1年、近3年等。

在研究基金收益时，要警惕一种"被平均"过收益的基金，这类基金通常有触发过大额赎回，按照规定，赎回费会计入剩余份额的基金资产中，出现基金净值突然暴涨的情况，这种收益是不可持续的。

绝对收益和相对收益

在计算基金的收益之前，投资者要先分清楚绝对收益和相对收益的概念。

基金的绝对收益，就是该基金在一定区间内所获得的回报，也就是赚钱还是亏钱；而基金的相对收益，是基金相对于一定的业绩比较基准的收益。

（1）绝对收益

基金绝对收益的计算是基金业绩评价的第一步。个人投资者若是自己计算，一般可以计算绝对收益中的持有区间收益率。

由于投资者是根据基金净值来申购赎回基金的，因此，在计算基金的持有区间收益率之前，有必要了解基金净值的概念。

基金净值是基金的一个重要概念，它是投资者申购赎回基金的价格。基金的申购和赎回每天都会发生，所以作为交易依据的基金单位资产净值必须在每天的收市后进行计算。

基金单位净值＝（总资产－总负债）/ 基金份额总数

其中，总资产指基金拥有的所有资产，包括股票、债券、银行存款和其他有价证券等；总负债指基金运作及融资时所形成的负债，包括应付给他人的各项费用、应付资金利息等；基金份额总数是指当时发行在外的基金单位的总量。

如果年初的时候净值是 1，年末时是 1.2，净值增长率就是：

（年末净值 1.2 － 年初净值 1）/ 年初净值 1×100＝20%

如果基金有过分红，就要用累计净值来衡量其盈利能力，累计净值是当前基金净值加上其历史所有分红，一般情况下，累计净值越高，基金的盈利能力越强。

（2）相对收益

不怕不识货，就怕货比货。要挑选出业绩出众的基金，我们就需要对基金进行业绩比较，看基金的排名处于同类基金中的什么水平。

投资者和基金管理公司一般会选择适当的指数或指数组合作为业绩比较基准，进而评估基金的相对收益。

如果基金的目标是投资特定市场或特定行业，通常是选取该市场或行业指数，例如以创业板指数或医药生物行业指数作为业绩比较基准。此外，也可以选取几个指数的组合作为基金的业绩比较基准，混合型的公募基金经常选取这样的业绩比较基准，例如：沪深 300 指数 ×70%+ 中证全债指数 ×30%。

业绩比较基准有两方面作用：一方面，事后业绩评估时可以比较基金的收益与比较基准之间的差异；另一方面，事先确定的业绩比较基准可以为基金经理投资管理提供指引。

基金净值的回撤与风险

收益和风险如影随形。在评估基金收益的同时，也要考察其风险控制水平。对普通投资者来说，基金回撤可以作为衡量基金风险的参考指标。

基金回撤是指在某个区间内基金净值从最高点开始回落到最低点的幅度，例如在某个时段，某只基金净值的最高点是 1.3，最低点是 1.1，跌幅 15.38%，那么该区间内基金最大回撤率就是 15.38%。

一般情况下，最大回撤越小说明基金风险控制能力越强，但是对最大回撤大小的判断是相对的，可以查询同一计算区间的市场主流代表性指数的回撤及同板块的其他基金的最大回撤，进行比较后再得出结论。

最大回撤率在一定程度上反映了基金经理的风控能力，更重要的是，它会影响投资者的持有体验。

一些权益类基金虽然长期收益率相对较高，但偶尔出现一次大的回撤，会给投资者的情绪造成比较大的困扰，投资者可能忍受不了选择卖出，从而错过后面可能的上涨机会。

所以，投资者在购买基金之前，有必要查看该基金的历史最大回撤，看该基金的震荡幅度与自己的风险偏好是否吻合。否则，就算买到了长期业绩比较好的基金，也可能不适合自己。

截至 2023 年 3 月末，根据中基协官网的数据显示，我国公募基金的数量已超过 1 万只，投资者面对数量巨大的基金产品，确实难以做出选择，基金行业每年都会进行三大奖项的评选，分别是中国证券报主办的金牛奖、上海证券报主办的金基金奖和证券时报主办的明星基金奖，这些奖项会评选出不同阶段表现的优秀基金，这些基金通常是经历了过去市场的风浪，凭借优异的业绩实力摘得桂冠。（表 6-1）

表6-1 基金评价、评奖机构名录

编号	基金评价机构	机构类型
1	海通证券股份有限公司	基金评价
2	上海证券有限责任公司	基金评价
3	招商证券股份有限公司	基金评价
4	中国银河证券股份有限公司	基金评价
5	北京济安金信科技有限公司	基金评价
6	晨星资讯（深圳）有限公司	基金评价
7	天相投资顾问有限公司	基金评价
8	上海证券报社	基金评奖
9	证券时报社	基金评奖
10	中国证券报社	基金评奖

资料来源：中基协官网。

基金经理：基金的灵魂人物

"选基金就是选人"这句话是基金业内人士的共识，基金经理是基金的灵魂人物，是基金是否赚钱的关键，也是投资者选择基金的重要参考因素。

有一定经验的投资者或多或少都知道几个明星基金经理的大名。基金经理一般是高学历人群，能胜任基金经理的大都经过了层层筛选，但落到业绩上，市场才是铁面无私的试金石，只有经过市场考验的基金经理，投资者才能放心把资金托付给他们。

基金经理是怎样炼成的？

为了保护广大普通投资者的利益，监管对于基金经理的要求和监管是非常严格的。

一般情况下，成为基金经理首先要进入证券行业（证券公司、基金公司、保险公司投资部门、期货公司等投资机构），从事研究分析、交易等基础工作，在几年的磨砺后逐步过渡到基金经理助理等，才有机会晋升到基金经理。

基金经理在任职前应当通过相关的资格考试，并通过所任职公司向中国证券投资基金业协会申请注册备案。

根据证监会发布的《基金管理公司投资管理人员管理指导意见》，基金经理行为规范的第一条就是维护投资人的利益。"在基金份额持有人的利益与公司、股东及与股东有关联关系的机构和个人等的利益发生冲突时，投资管理人员应当坚持基金份额持有人利益优先的原则。"

凡是有可能违背这条原则的行为都会被禁止或受到严格监管。

比如，基金经理直接或间接参与的股权投资及其直系亲属投资等行为，都应及时向基金公司申报、登记，防止这些股权投资行为影响基金的投资策略、损害投资人的利益。

基金公司员工，包括基金经理在内，都是不能买卖股票的。直系亲属如果买卖股票，也应及时向基金公司报备其账户和买卖情况。

基金经理的日常工作也有严格规范，比如，交易时间不能使用手机等移动通信工具，工作时间的电话、邮件等往来都需要录音及留痕，相关通信资料要保存五年以上，参加业内活动、业务范围的公开发声都需要得到所在基金公司的批准，等等。

那么，基金经理在管理基金的过程中，具体的工作有哪些呢？

基金经理花时间最多的部分就是投资与研究的工作。优秀的基金经理一般信奉"研究创造价值"，就像巴菲特每天花大量的时间阅读公司财报一样，基金经理也需要孜孜不倦地研究上市公司的真实价值和市场的逻辑。为此，基金经理除了阅读大量的研报、分析市场数据、开会讨论投资策略，还需要进行一定的实地调研，走访上市公司、分析市场渠道等。

基金经理是怎么作出投资决策的呢？一般来说，他们需要根据基金公司投资决策委员会的投资战略，在研究部门的支持下，结合对证券市场、上市公司、投资时机的分析，拟定所管理基金的具体投资计划，包括资产配置、行业配置、重仓个股投资方案。在此基础上，基金经理需要构建基金的投资组合，并在授权范围内可自主决策，不能自主决策的，要上报投资负责人和投资决策委员会批准。

另外，基金经理还会不定期沟通拜访客户和重要的销售渠道，也通过活动、专栏、直播等形式与投资人交流。

综合考量基金经理的能力

什么样的基金经理，才算是经过了市场的淬炼，值得投资者托付呢？一般考察基金经理，都会从从业年限、历史业绩和回撤三个角度综合考量。

（1）从业年限

一个有着多年投资历史的基金经理往往经历过多种市场环境，拥有穿越牛熊市的宝贵经验。

基金经理的个人简介，一般都是首先介绍他们的证券从业年限，然后是详细的相关从业经验，包括各个机构的研究和投资履历，目的就是让投资者知道该基金经理的从业经历。

根据中基协的统计（2020 年数据），从证券从业年限看，基金经理的证券从业平均年限为 9.76 年；从担任基金经理职务的年限看，基金经理平均任职年限为 3.91 年。[1]

（2）历史业绩

优秀的收益数据，往往能帮投资者精准定位到优秀的基金。但过往的业绩并不能确保未来收益，所以优秀的历史业绩只是投资者的参考因素之一。

---

1. 参见中国证券投资基金业协会：《中国证券投资基金业年报（2021）》。

在评估基金经理历史业绩的情况下，投资者也需要更加重视三年以上的长期业绩，降低对短期业绩的考量比重。

在基金经理过往长期业绩优秀且稳定的前提下，我们再研究一下他管理的基金是什么类型的，以此进一步确认基金经理的能力范围。

（3）回撤控制

回撤，通俗来说就是基金净值回调或者下跌。

投资者在考虑选择基金时，应当将业绩和回撤率结合起来评估。不同基金经理的投资操作风格千差万别，既有高锐度的"成长型"，也有较稳健的"价值型"，投资者应该选择自己风险承受能力范围内的业绩尽可能好的基金。

总的来说，基金经理的从业年限体现了其稳定性，过往业绩和投资迭代体现了其创造持续回报的能力，最大回撤体现了基金经理管理风险的能力，这三个要素构成了基金经理的综合能力，也是投资者选择基金经理最需要考虑的。

如何看待基金更换基金经理？

基金经理跳槽的现象并不罕见。如果你持有的基金更换了基金经理，要不要卖掉手头上的基金呢？

基金更换基金经理，一般出现在以下情况。

（1）基金经理跳槽，比如，基金经理去了其他基金公司或者资管公司，或者自己创业成立基金公司或者私募；

（2）基金经理内部岗位调动，基金公司选择其他基金经理来接管该基金；

（3）如果基金的规模太大，突破基金经理管理能力半径，一般会增加其他基金经理来共同管理；

（4）老基金经理带新基金经理，言传身教，培养新人。

根据证监会的规定，"基金经理管理基金未满 1 年的，公司不得变更基金经理。如有特殊情况需要变更的，应当向中国证监会及相关派出机构书面说明理由。"

基金公司对基金经理离职的管理也非常严格，需要进行离任审查、出具审查报告，并确保基金经理配合有关部门完成工作移交。基金经理离职之后，需要认真履行保密、竞业禁止等义务。

基金公司应当严格遵守有关信息披露的规定，及时披露基金经理的变更情况，自公司做出决定之日起两日内对外公告，并将任免材料报中国证监会相关派出机构。

一只基金如果频繁更换基金经理，公司应当向中国证监会及相关派出机构书面说明情况，并可能影响到基金公司新业务的拓展和新产品的发行申请。而基金经理频繁跳槽，也可能被监管约谈，甚至出具警示函、暂停履行职务，等等。

所以，不论是什么原因，更换基金经理都是一件很严肃的事情，绝不是普通岗位跳槽那么简单。

如果投资者持有的基金更换了基金经理，关键还是要评估新任基金经理的综合能力怎么样，以前管理的基金是否与投资者持有的基金是相同类型的。

当然，基金"换帅"也不一定是坏事，如果新任基金经理表现更优秀，则将为基金注入新的活力。

如何挑选适合自己的基金公司？

如果说基金经理是一只基金的舵手，那基金公司就是那艘船。投资者期待基金公司穿越市场风暴，承载基金经理达成优秀业绩，也希望信任的基金公司培养和留住优秀的基金经理。

根据中基协数据，截至 2022 年年底，公募基金行业共有 154 家基金管理人。从股东背景来看，券商背景的最多，信托、银行、保险次之，个人、私募和外资的数量较少。从成立时间来看，有成立于 2000 年之前的老 10 家基金，也有刚刚获批的基金公司，然而各家公司产品布局、规模、基金数量也千差万别。

在考量基金公司的时候，单纯以规模指标来评判基金公司是不够全面和准确的，比如有些基金公司总体规模较小，但在某些品种上具有优势。

凡事预则立、不预则废。选择基金的时候，投资者也应该全面考查基金公司的综合实力。

公司治理水平

公募基金是非常透明的行业，投资者可以在基金公司官网或者基金投资的平台上找到基金公司的详细资料。公募基金聚集了一批高素质的人才，公司治理水平对于留住人才及公司的长治久安极为重要。

投资者可以从公司的基本情况、股东和股权结构、管理层等方面了解公司的总体治理水平。

公司的基本情况，包括成立时间、注册资本、公司人数（主要是投研人数）、产品数量和规模、业务资格、公司盈利、获奖情况等。

股东和股权机构，主要包括股东结构、股权稳定性、大股东背景、股权激励措施等。股权频繁发生变动的基金公司，会削减公司和团队的长期竞争力，尤其是股东变更影响到管理层变动时。

管理层主要考察董事长、总经理及投研负责人的简历背景、管理理念和稳定性等。

严格的风控制度和完善的内部管理是基金投资的安全保障，只有始终坚持长期经营理念、稳健规范运作并将风险控制置于首位的基金公司才能最大力度保障投资者利益。

国外的基金行业在发展过程中形成了一个通行而有效的 4P 标准，用来遴选和判断基金公司，即投资理念（philosophy）、投资团队（people）、投资流程（process）和投资绩效（performance）。前三个"P"都是公司治理的范畴，所以，选择基金公司，首先需要考察该公司的整体治理水平。

投研实力

主要包括基金公司的投资管理和风险控制能力，包括基金公司的运作效率、持仓结构、操作风格、旗下基金的总体表现等。基金公司的核心业务是投资管理，投研实力是其各方面综合能力的直观表现。

不同基金公司的投资管理部门设置有所不同，基本上都包括投资决策委员会、研究部、投资部和交易部。以西部利得基金的投资、交易、风险管理流程为例，流程可以概括成表 6-2 所示的内容。

表6-2 公募基金投资管理流程示例

流程	流程内容	备注
制订投资策略	投资策略的制定属于投资交易的基础环节，其步骤主要包括： （1）投资研究。投资分析和研究的目的在于发掘事实，其范围包括宏观经济、证券市场、行业和公司研究，债券和其他金融产品研究，证券市场技术分析等。研究人员根据分析研究结果，协助投资部门制订投资策略和投资建议。研究工作实行严格的程序管理； （2）制订策略。投资组合经理基于宏观经济运行、市场状况、行业状况和企业财务数据等，制订投资组合的具体的资产配置计划	基金公司还会参考外部研究报告，主要由证券公司提供
构建投资组合	（1）投资组合经理在授权范围内，制定和调整具体的投资组合，进行投资组合的日常管理； （2）在政策、经济因素或资金流动情况发生重大变化时，投资组合经理积极调整投资组合，投资组合的调整，必要时可以提交投资决策委员会或专项投资决策委员会进行审议	公司设立投资决策委员会，是公司最高投资决策机构，负责制订或审批重要投资制度，审批或协调与投资管理有关的重要事项，以及与投资管理相关的风险管理等其他重大事项的决策。 根据公司重要业务的开展，投资决策委员会下设各专项投资决策委员会（以下简称"专项投决会"），专项投决会的设立经投资决策委员会审议决定，就委员会下的各项投资业务、风险管理事项等分别进行讨论、决议
执行交易指令	（1）投资组合经理根据投资组合方案做出投资决定，通过电子系统向交易部发出投资指令。投资组合经理必须遵守交易下单权和交易执行严格分离的规定； （2）交易员根据投资限制和市场情况执行交易。如果市场出现异常情况，交易员应及时提示投资组合经理；	

聪明的基金投资者

表6-2 公募基金投资管理流程示例（续表）

流程	流程内容	备注
	（3）公司就集中交易、公平交易等制订相关规章制度，以公平、公正为原则，对管理的所有基金产品投资实行统一集中交易、统一管理	
绩效评估和组合调整	公司定期分析投资组合的收益、收益的潜在来源、风险、按风险调整的收益等，将投资组合实际投资业绩与投资基准、同行业绩分别进行比较，积极管控、提示各类风险，及时有效地评价投资组合运作，反映公司各投资组合的管理水平，分析原因，总结成功的经验和存在的不足，为下一阶段投资工作提供有价值的参考	
风险管理	全面风险控制体系，遵循"可识别、可衡量、可控制、可承受"的风险管理原则，按风险类别和产品制定专项风险管理目标，贯穿风险前瞻、风险培育、风险监控、风险绩效全流程体系，重点关注并积极管理投资风险、操作风险、合规风险、声誉风险等各类主要风险。具体的风险管理程序由风险识别、风险评估、风险应对、风险监控和报告、风险管理体系评价等主要环节组成	风险管理贯穿于投资组合从设计到开始投资再到日常运作的全过程。不仅是风控和合规部门的职责，也是投资、市场、运营等各部门的工作的一部分

在实际操作中，不同的公司在投资、研究、交易以及风险管理方面的流程有所不同，但是都会保证上述模块的齐备。

从基金公司的投资交易流程可以看出，基金公司的投研实力和风控要求是一般个人投资者难以企及的，这也保证了公募基金总体的规范治理水平。

即便如此，也不是市面上所有的基金公司都能达到投资者的盈利预期。

基金公司的官网一般都会分类列出各类型基金，点击进入则可以通过查看净值、定期报告大体看出基金公司旗下产品的整体历史业绩表现，包括不同时间周期的业绩水平、业绩的稳定性等指标。

通过分析各类别的基金，可以了解基金公司的风格和投资实力，比如，有的基金公司擅长主动权益，有的重点布局固收产品；在权益赛道，有的偏重稳健均衡配置，有的擅长行业主题，等等。

总的来说，投资者选择的基金公司应该是整体业绩优秀、投资风格有辨识度、经营治理完善的。在具体的投资中，投资者可以结合自己的偏好、投资目标等优选相应的基金公司。如果投资者是稳健型的，可能应该着重考察哪些基金公司的债基和指数基金做得好；如果投资者风险承受能力高，可以研究一下哪些基金公司的偏股型基金做得好。

市场形象

公募基金行业，投资者的信任至关重要。

2022 年 6 月 17 日，中基协发布了《基金管理公司声誉风险管理指引（试行）》，要求基金管理公司将声誉风险管理纳入全面风险管理体系，建立健全声誉风险管理制度和机制，有效防范和控制声誉风险，妥善处置声誉事件，减少对投资者造成的损失和对行业造成的负面影响。[1]

根据该指引的规定，基金公司有专门的部门或团队负责公司的声誉风险管理。

除上面提到的三个方面之外，投资者选择基金公司还可以综合考虑其品牌美誉度、申赎的便利程度、服务质量等方面。

---

1. 参见中基协：《基金管理公司声誉风险管理指引（试行）》。

省到就是赚到：买基金的费率问题

投资者普遍关心的是基金净值，对基金费率可能就没那么上心了。毕竟，跟基金净值的涨跌比起来，基金费率似乎可以忽略不计。

其实，对投资者来说，常年买进卖出基金的费用，也是一个不小的数目。省到就是赚到，费率问题还是值得投资者关心的。

买卖基金要支付的费用

投资者可以在各申购渠道查询到所购买基金的费率情况。总的来说，投资者需要支付的基金手续费有以下几种。

认购／申购费。投资者在购买基金时一次性支付的交易费用。认购是指投资者在基金募集期内购买，此时基金还没有正式运作。而申购是指投资者在募集期结束后基金开放申购时再购买，此时基金已经处于正式运作阶段。

销售服务费。销售服务费通常存在于基金的 C 类份额，此类费用不是即时收取，而是每日从基金资产中计提，对基民而言实际上是无法直接感知的，其实你每天看到的基金收益已经扣除了销售服务费。

赎回费。基金持有人卖出基金所支付的手续费，根据基金合同及招募说明书约定，根据投资人不同的持有时长分比例计入基金资产。持有时间越长，赎回费用越低，有的甚至免赎回费。

基金管理费和基金托管费。属于基金运作费用，基金管理费是支付给基金管理人（即基金公司）的管理报酬，托管费支付给作为第三方的基金托管人。投资者一般会感觉自己只用支付买入卖出的手续费就可以了，而管理费和托管费则是从基金资产中计提支付，只不过每天计算基金净值时就已经扣除了这些费用，所以投资者通常感受不到。

基金的A类份额和C类份额

在分析基金费率之前，我们需要先厘清一个概念，即基金的 A 类份额和 C 类份额。我们经常看到同样的一只基金，后面跟着字母 A 和 C，它们代表基金不同的份额类别，由同一基金公司发行，同一基金经理管理，主要区别在于收费不同。在基金管理的时候，资金是放到一起管理，合并运作，但因 AC 类份额收费的差异，净值可能出现区别。

通常收取认购、申购费，不计提销售服务费的为 A 类基金；不收取认购、申购费，计提销售服务费的为 C 类基金。（图 6-1）

图6-1 基金A份额和C份额的收费差异

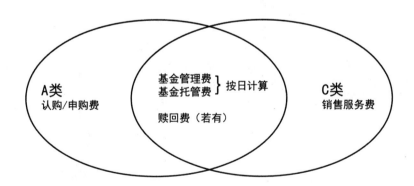

由于 A 类基金在购买的时候就收取了认购／申购费，我们也称为前端收费。大家平时看同一个基金的 C 类份额收益通常不如 A 类份额，其中一

聪明的基金投资者

个主要原因就是 C 类份额每天计提销售服务费。

如果某个基金没有 A 或 C 的后缀，一般来说它就是按照 A 类份额这样收费。

那么问题来了：投资者应该选择 A 类还是 C 类基金呢？

A 类基金的申购费率的变化主要与投资者的单笔投资资金大小有关，单笔投资资金越高，申购费率就越低，并且 A 类基金的申购费用是一次性收取的，所以如果投资资金大，并且基金持有时间长，就适合购买 A 类基金产品；而 C 类份额收取的是销售服务费，所以对于购买金额不大、持有时间不确定的投资者，或者是短期投资者来说，选择购买 C 类基金要更适合一些。

我们以股票型基金来举个例子，以下是某基金公司官网的某股票型基金 A 类份额和 C 类份额的费率表（表 6-3-1～表 6-4-3）。

表6-3-1：某股票型基金（A类份额）管理费 / 托管费率表

管理费率（年）	1.20%
托管费率（年）	0.20%

表6-3-2：某股票型基金（A类份额）认购/申购费率

认购/申购金额 （含认购/申购费）	前端收费	
（单位：元）	认购费率	申购费率
小于100万	1.00%	1.20%
100万（含）～200万	0.80%	1.00%
200万（含）～500万	0.60%	0.80%
大于500万（含）	1000元/笔	1000元/笔

178

表6-3-3：某股票型基金（A类份额）赎回费率

持有期限	赎回费率
7日以内	1.50%
7日（含）至30日	0.75%
30日（含）至3个月	0.50%
3个月（含）至6个月	0.50%
6个月（含）至1年	0.20%
1年（含）以上	0

表6-4-1：某股票型基金（C类份额）管理费 / 托管费费率表

管理费率（年）	1.20%
托管费率（年）	0.20%

表6-4-2：某股票型基金（C类份额）认购/申购费率

认购/申购费率（年）	0.00%
销售服务费（年）	0.40%

表6-4-3：某股票型基金（C类份额）赎回费率

持有期限	赎回费率
7日以内	1.50%
7日（含）至30日	0.50%
30日（含）以上	0

如果你有 10 万元，按照上述费率，应该选择 A 类份额还是 C 类份额呢？假设在持有期间基金的净值始终为 1 元，我们分别按照持有时间 30 日、3 个月、6 个月、9 个月、一年来对比计算。考虑到管理费和托管费相同，我们就不计算这两个费用了。（表 6-5）

表6-5：某基金A类份额和C类份额的费率计算

持有时间		申购费（按某第三方基金销售平台打1折计算，计算方法参考下文"价外法"）	销售服务费	赎回费（为方便计算，不考虑净值波动）	合计
30日	A类基金	119.86元	无	499.4元（99880×0.5%）	619.26元
	C类基金	无	33.33元（10万×0.4%/12）	无	33.33元
3个月	A类基金	119.86元	无	499.4元	619.26元
	C类基金	无	100元（10万×0.4%/4）	无	100元
6个月	A类基金	119.86元	无	199.76元（99880×0.2%）	319.62元
	C类基金	无	200元（10万×0.4%/2）	无	200元
9个月	A类基金	119.86元	无	199.76元	319.62元
	C类基金	无	300元（10万×0.4%×3/4）	无	300元
1年	A类基金	119.86元	无	无	119.86元
	C类基金	无	400元（10万×0.4%）	无	400元

可以看到，随着时间的延长，A类基金的交易费用逐渐降低，而C类基金的交易费用逐渐升高。两者的临界点是9个多月接近10个月的时候，也就是说，超过这个时间，购买A类基金合算；少于这个时间，购买C类基金合算。

下次选择基金的A类份额和C类份额，你可以尝试这样计算一下费用，看选择哪种比较合算。

怎么买基金才省钱？

通常来说，基金的费用和基金的管理难度、收益空间也是正相关的。以管理费为例，一般而言，股票型基金＞混合型基金＞债券型基金＞货币型基金。指数型基金和主动型基金不同，力求降低产品和指数的跟踪误差，在此基础上力争实现超越目标指数的投资收益，费用相对主动型基金的费用更低。

但是具体的费用设置，还是要以基金合同的规定为准，全市场上万只基金的费用设置方式不尽相同，不过这些都是公开资料，很容易查询到。

选好了基金，购买的时候还有什么省钱的方法呢？

（1）**选择申购费用低的渠道。**一般来说，购买基金的第三方平台的打折活动较为丰富，基金公司官方的渠道例如官网或官方微信等费用较低，对于某些特定产品甚至免收认申购费用，投资者可以尝试到基金公司的直销渠道购买。

（2）**巧用基金的转换业务。**这是一个很少被人留意到的技巧，简单来说就是直接用基金甲份额转换成同一基金管理人管理的基金乙份额，省去了基金赎回的动作，基金之间的转换还能够按照"申购补差费率"的原则减免掉一部分手续费，省钱省时。

费用的外扣法和内扣法

2007 年 3 月，证监会发布《关于统一规范证券投资基金认（申）购费用及认（申）购份额计算方法有关问题的通知》，自此以后，基金公司计算认购、申购费用和份额时，采用的均为外扣法（价外法）。

那什么是外扣法、什么是内扣法呢？

举例来说：投资者投资 10 万元申购某公募基金，申购费率为 1.5%，基金单位净值为 1 元。

按内扣法计算：

申购费用：10 万元 ×1.5%=1500 元

净申购金额：10 万元 −1500 元 =98500 元

申购份额：98500÷1=98500 份

按外扣法计算：

净申购金额：10 万元 ÷（1+1.5%）≈ 98522.17 元

申购费用：10 万元 −98522.17 元 ≈ 1477.83 元

申购份额：98522.17÷1=98522.17 份

由以上例子可以看出，外扣法（价外法）可以多得到 22 份左右的基金份额，在同等申购金额下，外扣法可以让投资者多得到一些申购份额，少付一些申购费，显然这一方法更有利于投资者。

当然，费率只是影响投资者回报的一个因素，选到好的基金才是基金投资的关键。

购买基金的四大渠道

投资者购买基金非常方便，总的来说，买基金可以分为场内购买和场外购买两种模式。

所谓场内基金，就是在证券交易所进行交易的基金品种。封闭式基金、ETF 基金等场内基金，只能在证券交易所通过证券账户交易，其买卖跟股票交易一样，交易价格也在盘中实时变化。

投资者一般说的基金买卖，大多是针对开放式基金。普通开放式基金都属于场外基金，每天依据净值进行申购、赎回、转换。

投资者可以在基金公司、银行、证券公司和第三方平台买到基金，这四种渠道各有利弊，投资者可以根据自身需求选择。

根据中基协的数据，以 2021 年年末各渠道的基金保有规模来看，直销渠道保有规模占比仍最高，为 42.56%，但呈现逐年下降趋势；商业银行渠道保有规模占比略有上升，为 28.07%；独销渠道保有规模占比持续上升，为 19.14%；证券公司渠道保有规模占比基本持平，为 9.67%；其他渠道保有规模占比仅为 0.56%。[1]（图 6-2）

基金公司直销

即在基金公司官方渠道，如官网、官方微信公众号、App 等，直接购

---

1. 参见中基协：《中国证券投资基金业年报（2022）》。

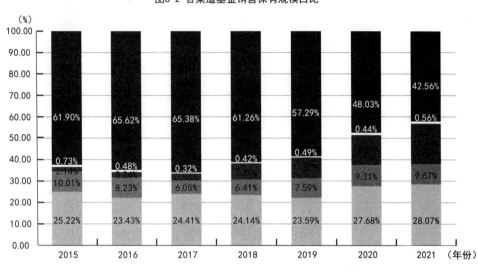

图6-2 各渠道基金销售保有规模占比

资料来源：中国证券投资基金业协会。

买基金。

优势：

（1）基金公司直接卖基金给投资者，基金公司为了推广直销服务，会给出比较优惠的费率政策。

（2）基金公司内部基金转换较为方便。

（3）基金公司官网对于基金产品的相关信息，包括每日净值、重大公告等都更新得较为及时和详细。

不足：

（1）基金公司只出售自家的基金，要买不同基金公司产品，需要下载不同的基金 App 或者登录不同的基金公司官网。

银行

即通过银行的线下网点、网上银行、手机银行等渠道购买基金。

优势：

（1）银行是最早的基金代销渠道，网点众多，线下购买方便。

（2）总体安全性较高，通常有专业理财经理服务接待。

不足：

（1）银行购买基金一般申购费优惠力度需要视情况而定。

（2）不同银行代销的基金产品也不同，通常不代销 ETF 基金。

证券公司

证券公司渠道，即通过在券商开立的证券账户来购买基金。

优势：

（1）网点较多。线下网点也有客户经理提供投资咨询服务。

（2）既可以购买场外基金，也可以购买场内基金（如 ETF、LOF），支持交易已上市的基金品种。

不足：

（1）基金可能不是特别齐全，每家证券公司合作的基金不尽相同。

（2）需要开立证券账户。

第三方平台

即通过第三方基金销售平台购买基金，如支付宝、微信理财通、天天基金网等一站式综合基金交易平台（表 6-6）。

优势：

（1）操作方便。一般只需要注册账号、绑定银行卡、实名认证后就可以交易。

（2）基金种类比较齐全，产品线也比较全面。

（3）申购费用通常是 1 折。

不足：

（1）对不会熟练使用智能手机的人群不太方便。

表6-6 购买基金的四大渠道

基金分类	平台分类	购买渠道
场内基金		证券账户
场外基金	直销	基金公司
	代销机构	银行
		证券公司
	第三方平台	支付宝、微信、天天基金、利得基金等

买新基金还是老基金，这是个问题

很多投资者认为新基金没有历史包袱，更加值得投资。真的是这样吗？新基金可以"闭着眼睛"认购吗？

新基金是怎么诞生的？

公募基金是受到严格监管、信息披露要求比较充分的资管行业，因此，新基金的流程也非常严格。具体来说，新基金诞生包括如下五个流程。

产品设计 ➡ 监管审批 ➡ 产品募集 ➡ 申请备案 ➡ 封闭期 ➡ 新基金正式运作

（1）**产品设计**

基金公司首先要各部门协作，根据市场需求和自身资源，经过多轮论证分析和完善，设计出新的基金产品。产品设计中核心的环节是确定各种产品要素。产品要素包括基金的投资范围、投资策略、业绩比较基准、费率结构等。

（2）**监管审批**

基金公司确定新产品各项要素后，要报证监会审批。基金公司需要向证监会提供各种申请材料，包括基金合同草案、托管协议草案、申请报告、法律意见书等。一般而言，证监会收到材料后，会在 6 个月内审核完毕。

（3）**产品募集**

证监会批准之后，基金公司必须在收到批复的 6 个月内开始募集，而且必须在开始募集的 3 个月内完成募集。根据相关法律法规，"基金募集份额总额不少于 2 亿份、基金募集金额不少于 2 亿元人民币且基金认购人数不少于 200 人", 新基金才算募集成功。(特殊产品如发起式基金除外)

募集期间, 基金公司是会通过各种渠道(直销、代销)进行销售。

公募基金募集大都会在规定的募集期内完成, 所谓的"日光基"1 天之内就能募集完成。当然也有募集不成功的情况, 其原因多为未能在规定期限内募集到足够的资金规模。募集失败的基金需要返还投资者的款项, 并加计银行同期存款利息。

(4)申请备案

新基金完成募集之后, 应聘请法定验资机构验资, 并在收到验资报告之日起 10 日内向证监会申请备案。证监会审批通过后, 基金产品就算备案成功, 基金合同正式生效。

(5)封闭期

基金合同正式生效后, 基金公司会公告新基金成立, 之后该基金便会进入封闭期。封闭期一般不得超过 3 个月。定开基金等以具体公告为准。

封闭期内, 是不可进行申购和赎回操作的。这段时间主要是为该基金的正式运行做好前期准备工作, 基金经理进行初步的建仓布局。

封闭期结束, 新基金就成为投资者日常看见的基金产品, 可以进行正常的申购和赎回。

"打新"和开放后购买的区别

同样的一只基金, 投资者在募集期认购, 和封闭期结束以后购买, 还是存在一定区别的。具体如下。

(1)购买价格上的不同。投资者在募集期购买基金的净值一般都为

1元，而在开放后，由于基金已经布局了股票等投资标的，基金净值会随着投资标的的涨跌而上下浮动，会高于或低于1元。

（2）手续费用不同。在募集期的认购费与正常交易时期的申购费标准往往不同。

（3）收益的处理方法不同。投资者在募集期认购，募集期间基金是没有收益的，但会有资金利息，基金公司会将募集期的资金所产生的利息，以份额的方式确认给投资者；而在开放后买的基金所产生的收益，体现在净值上。

（4）募集期内购买基金产品不可以赎回，要等到封闭期结束之后，才可以赎回。

基金"盲目打新"的风险

长久以来，股民"打新"往往能取得不错的收益，形成了所谓的"打新神话"。受此惯性影响，有些基民也乐于抢购新基金，期待新基金能立即上涨。

上市公司发行新股和基金公司发行新基金是完全不同的两回事儿。新股上市，可能由于本身题材好、定价低，或者市场正处于上升阶段等原因，导致上市第一天股价大涨。但基金持有的是一个股票组合，本身就会平滑单个股票的收益和风险，其净值涨跌完全取决于所持投资组合的综合表现，所以不大可能出现成立初期就暴涨的情况。

投资者如果盲目"打新"，会面临三方面的风险：

（1）新基金发行最火爆的时候，往往是股市火热的阶段，可能也是市场最危险的时候。所以，当你想要去申购新基金的时候，可能要想一想，这是不是买基金的好时候？

（2）新基金的认购费通常不打折，因此新基金的实际认购费率有可能高于老基金的实际申购费率，交易成本较高。

（3）新基金，尚未经过市场的检验，也没有历史业绩可查，较投资者精挑细选的老基金有可能面临的风险大。但如果是因为基金经理而选择新基金，同一基金经理管理的老基金或许是一个更优的选择。[1]

所以，投资者申购新基金，既要考虑当下的市场形势、是否正处于行情的高点，也要从基金公司、基金经理和基金产品三个维度慎重考量。

---

1. 参见中基协：《"最佳实践"盈米基金专注盈解决"基民不赚钱"问题》。

基民常见的错误操作

公募基金已经成为主流的投资品之一，也是比较适合普通投资者的投资工具之一，其长期盈利能力已经得到充分证明。但"基金赚钱，基民不赚钱"的状况经常发生，成为行业痛点。

这固然有行业发展的各种原因，就投资者而言，投资者在投资过程中，也应该尽力避免以下错误操作。

长钱短投、短钱长投

缺乏经验的投资者往往会资金错配，"长钱短投"或"短钱长投"，使得长期投资的钱收益过低或者短期投资的钱因时间问题最后割肉离场。

就普通投资者而言，建议将可以用来投资的资金分成四个部分，做一定的区分，避免头脑一热就把各种不同用途的钱全部投入某个标的。

首先，可以将随时需要用的钱买入货币基金。货币基金流动性高，存取便利，收益率高于银行活期存款，适合存放我们的日常现金。

投资者一定要留有足够的流动性资产，避免需要用钱的时候被迫卖出其他投资而导致损失。

其次，较长时间（如两年）不用的钱可以买入债券型基金，这部分可以替代银行定期存款。如果对安全性的要求很高，可以多买一点纯债基金。

再次，买入部分偏股型基金。这样做的目的是投资较高风险的资产，以期获得较高的回报。

最后，分散配置其他类别基金。比如买入少量黄金，作为避险资产，也可以买入黄金指数基金，如果想分享欧美股市的收益，可以配置一些 QDII 产品，等等。

在较为常见的基金品种中，投资者可以考虑分散投资，根据自己的风险承受能力定投偏股混合型基金、股票指数型基金以及配置其他类别的基金，以期获得符合自己投资目标的回报。

过度自信、追涨杀跌

投资者往往高估自己的金融知识和投资水平。

根据中基协的调查数据，93.4% 的投资者认为自己的金融知识水平高于或者处于同龄人平均水平。其中，12.0% 的投资者自认为远高于同龄人的平均水平，41.4% 的投资者自认高于同龄人平均水平，39.8% 的投资者自认大约处于同龄人的平均水平。认为自己的金融知识水平低于同龄人平均水平的只有 5.6%，远低于同龄人平均水平的只有 1%。[1]

投资者对自我能力的高估与不尽如人意的盈利情况形成鲜明对照。过度自信导致投资者缺乏对市场的敬畏，盲目入市，买在高点。

这就是大部分投资者所难以避免的追涨杀跌。

---

1. 参见中基协：《全国公募基金投资者状况调查报告 2019 年度》。

忌盲目跟风

有些投资者把基金当股票炒，挑选基金前的分析往往不够全面，经常买了基金之后，看到媒体报道，又觉得其他基金更好，没过多久又发现新的爆款基金。换来换去也没赚多少钱，反而交了不少手续费。到头来发现还不如一直持有最初的那只基金。

总而言之，投资者在购买基金的时候，一定要对基金有正确的认知，弄清楚不同种类基金的风险收益特征。在此基础上，先用少量资金投入，熟悉基金特性、测试自己的风险偏好。可以先从风险小的货币基金开始，逐步扩大到债券基金、混合基金与股票型基金。

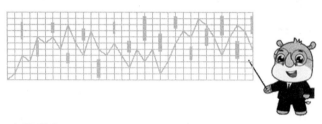

小犀课堂

本章聚焦基金投资的实务操作，包括如何评估基金的业绩，如何挑选基金经理、基金公司，如何计算购买基金的费率，如何选择投资基金的渠道等问题，帮助投资者挑选到适合自己的基金，避免一些常见的投资失误。

最后，我们将介绍一种非常适合工薪阶层使用的基金投资方法：定投。

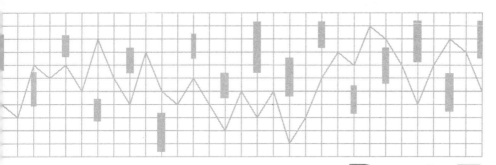

Part 7
适合工薪族的定投

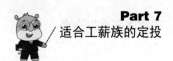

基金定投的"微笑曲线"

很多投资者，尤其是工薪族都在采取定投的方式投资基金，这个方式简单便捷，也被称为"懒人理财"。

基金定投就是定期定额投资基金，即在固定的时间周期（如每月）以固定的金额投资到某一只开放式基金中。它可以分摊一次性购买基金的风险，积少成多、平摊成本，平滑波动，在长期的投资中实现资产的保值增值。

基金定投操作较为简便，在部分基金购买页面，设置好定投金额、付款方式和定投周期，系统就会自动在约定的时间将约定的金额投入选定的基金，投资者只需要保证扣款日有足够的资金即可。

比较常见的定投频率是每月定投，投资者也可以选择每周甚至每天定投。工薪族由于每月定期发工资，所以较常使用每月定投，很多白领也会将定投作为一种强制储蓄的手段，避免自己稀里糊涂成为"月光族"。

定投的关键是选好基金

定投听上去非常简单，但很多投资者的定投结果并不理想。定投坚持不下去的主要原因是投资者亏损较多或亏损较久，不敢继续定投下去，怕越亏越多，所以终止了定投。

定投作为一种比较有效的基金投资方法，成功的核心还是要选到好的基金和对的基金。所谓好的基金，一般指长期业绩优秀的基金，"好基金"

并非"只涨不跌",但是长期来看,它们还是能够取得令人满意的回报。在定投金额相对固定的情况下,一般投资者可以在市场下跌时赚份额、在市场上涨时赚收益,对于那些业绩常年落后的基金,定投也没有化腐朽为神奇的魔力,如果选错了基金,一定要及时果断舍弃。

如果说好基金是指长期业绩优秀的基金,那么所谓对的基金,是相对投资者的风险承受能力来说的,在投资基金之前,平台会要求投资者做适当性测试,投资者应该根据测试结果选择符合自己风险承受能力的基金产品。

开始基金定投后,投资者可能也会在某些时间内出现亏损的情况。

坚持定投避免追涨杀跌

投资的大忌是追涨杀跌,炒股如此,投资基金亦然。"别人贪婪的时候我恐惧,别人恐惧的时候我贪婪。"这句话在实际投资操作中知易行难。

普通投资者对于市场的认知或大多来自于媒体的报道,媒体报道可能会影响投资者的信息获取和主观评价。一例较为普通的事件,经过媒体的报道,可能会影响投资者的认知,从而在交易行为上形成趋同。因此,投资一定要冷静,切忌听风就是雨。

基金定投是一种重要的长期投资方法,投资者挑选出适合自己的基金后,应该遵守自己定下的投资纪律,坚持定投,避免因为自己的情绪干扰而做出非理性决策。

基金定投的优势就在于平滑风险、摊低成本,我们来看著名的基金定投"微笑曲线"(图7-1)。

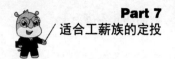
图7-1 基金定投的"微笑曲线"

● 开始定投
● 连续扣款
● 连续扣款
连续扣款

● 获利了结
● 连续扣款
● 开始获利

下跌过程中做定投，可以摊薄成
本并收获更多的份额

上涨过程中定投，可以收获市场
上涨的收益

　　假如我们定投不久，市场就开始下跌，这时候我们应该坚持定投，如果市场持续下跌，同样的定投金额可以让我们获得更多的基金份额，摊薄成本。对于投资者来说，这时候最重要的是控制自己的情绪，继续坚持定投，静待市场回暖。

　　在震荡的市场，要判断市场的高点低点是非常困难的，由于定投事先设置好了规则，严格执行规则，有助于投资者克服情绪上的波动。

应该花多少钱定投基金？

由于定投是分批进场投资，其目标就是长期分散风险、摊低成本，因此，一般来说定投都是长期投资，如果投资者的投资时间设置较短，则不适宜选用定投的方式买入基金。

由于是长期投资，投资者在进行定投时一定要做好资金规划，一般来说，投资者需要用"闲钱"投资、做时间的朋友，有利于定投计划的执行。

工薪族每个月应定投多少钱？

由于定投的时间和金额相较于其他投资较为固定，故在实际投资中，人们很容易将定投与工薪族的月薪相联系，因此很多投资者在投资时也采用的是"月定投"的方式。

如果投资者一个月收入 10000 元，每月的全部开销大约是 6000 元，那么每个月基金定投用多少钱比较合适呢？我们建议的金额是 2000 元，也就是收入减掉支出，再除以 2。[1]

这个比例可以保证每个月都能定投，不会导致需要用钱的时候赎回基金，赎回的时候若是亏钱的，这便会造成投资损失；如果我们把剩余的 4000 元全部用来定投，那万一有额外的开销，就可能导致中断定投。当然，具体定投金额需要视个人的资金安排，因人而异，如果定投金额高一些，

---

1. 参见利得金融：《每月结余 4000，定投 4000，错在哪？》。

则有望对我们的财务状况带来更多的改善效果。

如果是手里有一笔大钱，比如存款、年终奖等，准备开始定投，建议根据市场情况，将它分摊到 12 ～ 24 个月进行定投，降低择时风险。

通常来看，从开始定投到止盈退出的时间有不确定性。因此在开始定投前就要做好充分准备、给自己留足时间，定投成功与否不在于技术多强，主要是心态问题。

遵守纪律、不要着急

投资者在开始定投的时候，把定投的周期和金额都设置好了，但在实际投资过程中，很可能打破这个周期和金额。比如投资者看到市场阶段涨幅较大，觉得单次定投收益较低，就会一次性投入较多的金额，等到市场掉头向下，才发现自己已经没有资金获取更多的份额了；又比如，投资者看到指数在跌，于是加大投资金额试图获取更多的份额，但是市场可能会持续下跌，等到价格更便宜的时候，又没有资金了。

在实践中，很多基金定投的投资者没有依据设定的纪律投资，在定投基金时也追涨杀跌，尤其是遇到股市下跌时就停止了投资扣款，违背了基金定投的基本原理，导致失败。

留心周围做定投的投资者会发现，每次股市大跌的时候，都有很多投资者暂停了定投扣款，他们希望等市场跌到底之后再定投，但市场的阶段性的"顶部"和"底部"无法进行预测判断，往往等到最后失去了耐心，也失去了低位加码的机会，没有办法完整地收获定投的"微笑曲线"。

所以，定投一定要遵守纪律，不要抱有买在最低点、卖在最高点的幻想，投入的资金和期限需要经过测算是否可以长期坚持不辍，尽量避免出现没钱定投被迫中断的窘境。

不是所有基金都适合定投

基金定投作为一种可以定期定额自动扣款的"懒人理财"，受到越来越多投资者的青睐，但并不是所有基金都适合定投。

定投，是通过在不同的点位分批买入，从而达到在一段较长的时间里摊薄成本的效果，因而在定投品种的选择上，要兼顾波动性和绩优这两个指标，也就是说，基金业绩走势要有一定的弹性，但总的趋势是上涨的。

货基、债基不适合定投

定投比较适合净值波动较大的基金，这类基金通过定投操作，有助于在阶段性的底部增加持有份额，在阶段性的顶部获取上涨收益，从而达到微笑曲线的投资目标。所以，股票型基金、指数型基金等权益类基金比较适合定投，我们在后文提到的定投也多是指这类的基金。

越是在震荡的市场中，定投越能展露其魅力，选择长期回报优异的权益类基金定投，既可以平滑收益波动，又能增加创造超额收益的概率。而货币型基金、债券型基金分别投资于货币市场、债券市场，波动性较小，收益较稳定，很难产生微笑曲线效果，不适合进行定投，比较适合稳健投资者一次性买入。

当然，选择什么样的基金定投，也需要结合自身的风险承受能力，波动大意味着可能面临较大的浮亏，风格稳健的投资者可能难以坚持。所以，风险承受能力较弱的投资者，建议挑选中低波动的绩优产品进行长期定投。

行业主题基金定投要慎重

如果我们选到了好的基金，可以根据投资目标进行长期定投，但是好的基金，也不能"一投永逸"，起码要定期查询确认自己所持基金的基本情况是否有变，比如基金经理、投资风格等。

一般来说，投资行业主题基金的风险总体较高，波动相对也更大。投资者在选择这类基金前要对所涉行业的景气度与行业周期处在什么样的位置有一定的了解。对于行业周期很长的基金，要非常警惕，如果投资者在高点开始定投，恰逢行业周期拐点向下，可能在一段时间比较难盈利，但如果选择了一个长期向好的赛道，用定投的方式投资或不失为一种聪明的选择。

如何面对定投中的亏损？

任何一种投资方式都可能带来投资亏损，定投也不例外。定投的优势是淡化择时，平摊买入成本，平滑风险。在震荡行情下，反而为基金定投提供最合适的市场环境，指数下探，低位积攒更多筹码，降低成本，待到指数回弹，上涨获益，最终收获"微笑曲线"。

但当市场遭遇大幅下跌时，虽然定投可以不断摊平成本，但仍无法避免账户较大浮亏的情况，比如自己买的基金业绩大幅下滑，无法忍受长期亏损风险而终止定投的行为，在定投"微笑曲线"的左侧时段放弃定投的操作大概率都会造成投资亏损。

我们以沪深 300 指数在过去 10 年的走势举例（图 7-2），投资者在 2015 年 6 月、2018 年 1 月、2021 年 2 月等阶段高点定投相关基金，难免会经历长时间的亏损。

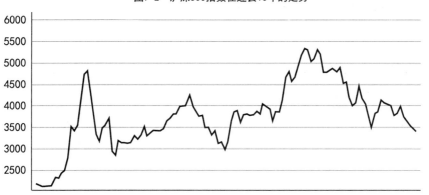

图7-2　沪深300指数在过去10年的走势

资料来源：Wind资讯。

面对基金定投的阶段亏损，在符合自身风险承受能力，且对自己所定投基金有信心的情况下，最重要的原则就是要坚持定投，不中止，积累更多的低价筹码份额，等到市场上涨的时候能够获利，实现基金定投的目的。

不要害怕从高点开始定投

做投资应该低买高卖，但实际操作中，投资者往往做成了高买低卖。

从历年基金发行的数据就可以看出，很多人习惯"买涨不买跌"，在大盘冲高之际，爆款基金层出不穷，甚至需要限购；市场低迷阶段，明明能够低位布局，基民往往犹豫观望，基金发行遇冷，这是根深蒂固的人性，很难克服。

如果是单笔买入基金，一次性买在高点，可能投资者几年时间都有账面浮亏，但如果定投在较高点，长期来看，是无须过于担心的。由于定投是长期投资，即使短时间内某一期的成本可能会高，但随着定投期数越来越多，单期的高成本不断被摊薄，进而对整体的影响越来越弱。

市场下跌的阶段，是基金定投"捡便宜、获份额"的好时机，从某种意义上说，此阶段市场调整越深、时间越久，定投能够获得的份额就越多，等到市场回暖时，就可能帮助投资者更快地回本甚至获利。

基金定投的收益和市场环境密切相关，如果是市场原因导致的基金处于亏损，是比较正常的现象，这个时候无须赎回，投资者可以继续按照计划定投。

基金定投的核心是选择基金，我们选的基金如果被评定为不适合定投或者超过投资者本人的风险承受能力，就应该果断舍弃。千万不能抱着"在

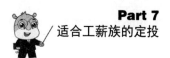

哪里跌倒就在哪里爬起来"的心理，一定要在某只基金上回本，那样可能
会承担更多的不确定风险。

定投要学会止盈

定投要成功，很重要的是"止盈不止损"。

就像前文所说，如果投资者选的基金本身没问题，也符合其风险承受能力，基金净值的下跌是由外部市场原因导致的，那投资者是不用止损的，净值下跌正是获取基金份额的时机。

定投在长期坚持中平滑了成本、降低了风险，但值得投资者重视的是：在市场上涨取得一定盈利后，就需要止盈以锁定收益，以防利润回吐。长期投资不代表一直持有，时机到了该卖还是得卖，毕竟，没有真正落到自己口袋里的钱永远都是浮盈。

另外，定投还存在"钝化"问题。随着定投时间的延长，累计投入金额增加到一定阶段，此时如果继续保持定投额度和频率不变，定投分散投资降低成本的效果就会变弱，这就是所谓的"定投钝化"。要避免钝化，就需要我们及时落袋为安，然后重新开始下一轮定投。

定投一定要保持心态稳定

定投是长期、分批的投资，心态一定要稳。很多投资者在执行定投策略的时候，能够做到"傻傻地买"，却很难做到"聪明地卖"，在止盈的贯彻执行方面，很难控制"恐惧"和"贪婪"的情绪。

首先，止盈不能过于谨慎。有的投资者在经历了长达几个月甚至数年的震荡之后，刚刚解套或者有点盈利，就迫不及待地赎回，这样很可能会

错过后期的上涨行情。市场不会一直跌，也不会一直涨，有一个均值回归的过程。经历了长期下跌的市场，一般也会有一定幅度的上涨，你经过在低位的长期定投，成本已经摊低了不少，不用过于恐慌，应该坚定持有，直到达到自己的止盈点。

其次，止盈也不能过于贪婪。如果投资者基金净值已经上涨不少，盈利也达到了自己的止盈目标，就应该果断开始赎回。但这种时候市场往往都处于上涨阶段，投资者犹豫这时候赎回会错过后面的上涨行情，会抱着"再等一等"的心态，有经验的基民都知道，卖在市场高位是很困难的，当市场掉头向下，投资者未及时操作"落袋为安"，可能就会出现盈利回吐的情况。

另外，定投需要有耐心。如果市场持续下跌，定投两三年也没有达到预定的盈利目标，在确认基金情况未发生重大变化后，投资者应该坚持定投，等待市场走出低谷。

总结来说：投资者要遵守事先设定的纪律，在确认基金情况符合自己的投资预期后，若没有达到止盈目标就应该坚持定投；反之，达到止盈目标应"落袋为安"，减少基金定投钝化带来的影响，并开启下一轮定投，这才是争取复利效应的有效方法。

说到定投的钝化，止盈是一方面，另一方面，如果长期定投积累了很多筹码，市场再次深跌，继续定投摊薄成本的作用越来越小，又该怎么办？这种时候非常考验投资者的心态，理性地看，如果想要快速地降低成本，有两个办法：第一是加大定投金额，使得单笔定投权重上升；第二是一次性大笔买入，可以使成本一次性迅速降低。

低位多买，可以让钝化的定投重新发挥作用。

什么时候应该止盈？

一般来说，常见的止盈方法有以下四种。

（1）最大回撤止盈法

投资者可以先设定一个止盈线，当基金净值到达这个止盈线以后，设置一个最大回撤值，比如 5%、10%，或者 15%，如果后期基金净值达到这个最大回撤值，便迅速赎回；如果基金净值继续上涨，则可以多赚取一段时间的收益，如果净值开始回撤，则避免盈利过多回吐。

（2）估值止盈法

这类止盈法多用于指数基金。投资者可根据 PE、PB、ROE、PEG 等指标进行估值。一般来说，当指数由低估值或合理估值进入了高估值后可以止盈卖出。

（3）均线偏离止盈法

很多投资者运用大盘的 240 天均线判断市场是牛市或熊市。240 日移动平均线是一条年线，反映市场在一年内的平均成本，可以看作大盘牛熊市的分水岭。240 日均线也是基金买卖的核心指标，具有较强的代表性。我们可以观察这条均线的走势，如果跟历史相比，已经大幅偏高，比如偏离幅度达到 50%，说明市场情绪已经开始亢奋，这就给我们适时止盈发出了信号。

（4）人气止盈法

这个方法很直观，当市场情绪高涨的时候，定投就可以适时止盈了；相反，当市场情绪极度低落，人人开始绝望时，正是定投收集便宜筹码的时候。具体来说，周围不炒股的朋友也开始讨论股票、新发基金的募集份额屡破纪录，这些都是人气鼎盛、该止盈的时候。

上述四种止盈方法，需要一定的投资常识和反人性的情绪管理，因此，

看上去简单，真正操作起来也不容易。

如果觉得这几种方法都不好操作，也可以设一个固定的止盈点，盈利达到这个止盈点就赎回，这种方法叫目标止盈法。目标止盈法是众多定投止盈策略中较为简单，也是可操作性较强的。

止盈点怎么设置？

在定投止盈的操作中，止盈点的设置至关重要。止盈点设得越高，所经历的时间就越长，投资者可能会不耐烦，难以坚持下去。给同一个基金设置 20%、50% 和 100% 三个止盈点，投资者的体会是完全不同的。

比如，假定定投 10 年的时间，20% 的止盈点会多次达到，每次达到就止盈，同时开启新一轮的定投，这样投资者会经常有满足感，但总的收益是相对较低的。

设置 50% 的止盈点，能达到的次数大为降低，10 年之内可能会有几次，每次的满足感都很大，但过程中也要经历煎熬。

100% 的止盈点是最难达到的，10 年期间可能只有一两次，经历的风险和煎熬最大，一旦成功，获益也最大。

基金定投的止盈目标没有统一的最佳值，应该根据投资者所处的市场环境、定投标的的净值走势、波动性，以及投资者的风险承受、收益预期等来确定。

具体来说，当定投标的波动较大且投资者的风险承受能力和预期收益较高时，可以适当提高止盈点；当市场处于低位，又能保证长期规律性持有，我们就能把止盈点提高一些，等待牛市的到来；如果市场前景不明，或者指数相对较高的时候，我们就应该降低止盈点，落袋为安。风险承受能力弱的投资者，止盈点也应该设得比较低。

止盈的钱如何开启下一轮定投？

止盈既可以连本带利全部赎回，也可以分批止盈。比如，设置三条止盈线，当账户整体收益达到 10% 时，卖出 1/3 持仓，锁定部分收益；收益进一步增加到 20% 时，再卖出剩下 1/3 仓位，继续锁定部分收益；最后当收益达到 30% 时，卖出剩余全部仓位。也可以通过基金净值涨幅的高低来决定赎回比例，分批止盈，涨得越多，赎回比例越多。比如，净值涨 10%，赎回 10%；净值涨 50%，赎回 50%。

止盈，并不意味着放弃定投，而是将止盈赎回的钱继续开启新的定投。

在已经止盈的基金中，投资者通过不断积累筹码，顺利完成止盈目标，说明该基金经受住了市场考验，整体表现符合投资者预期。因此，只要基金管理人、投资策略和选股理念未发生重大改变，就可以考虑继续定投这只基金。由于我们已经有了更多的资金，因此，定投的金额可以比上一轮的金额更大一些。

如果投资者不再看好该基金的未来走势，或者有更合适的投资标的，也可以换成其他基金继续定投。比如将赎回的金额分成 36 个月，再去定投另一只基金。

当然，我们也可以继续定投原来的基金，保持原来的扣款金额和定投周期，同时定投一只新的基金。两只基金都设定新的止盈点，达到目标收益后再赎回、再定投，周而复始，获取长期的投资收益。

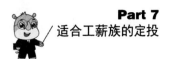

怎样通过基金定投来解套？

很多投资者买基金是受到市场气氛的感染，各种爆款基金引发大众的追捧，半天就募集完成，甚至需要限购，于是跟风购买。

"别人恐惧的时候我贪婪，别人贪婪的时候我恐惧。"气氛变得狂热，其实是我们撤退的时候，但很遗憾，很多投资者都在市场高点一次性买进了基金，结果就被套牢了，有经验的投资者一般会通过在大跌中追加投资来"解套"。

举个例子：

投资者拿 2 万元买入一只股票型基金，总共持有 2 万份，不想基金跌到了原来的一半，只剩了 1 万元，要想解套，这只基金需要上涨 100%。谈何容易！

但如果我们在之后加仓 1 万元，就可以买到 2 万份基金，这时候我们有 4 万份基金，净值是 2 万元，而我们的成本是 3 万元，再涨 50% 就能解套。

如果我们在这里加仓 2 万元、4 万元，我们解套的速度会更快。

但是，加仓解套对普通投资者也是有难度的操作。一方面，基金大跌，往往市场低迷、人气涣散，很难克服自己的恐惧加仓。如果加仓之后，市场继续下跌，投资者更加难以承受；另一方面，投资者在高位的时候一次性买入基金，可能已经花掉了很多的闲钱，等到了市场低位区域，也很难再拿出足够多的钱来加仓。

这时候，可以用定投来尝试解套。

定投解套怎么操作？

基金的单笔投资出现 30% 以上的亏损，可以将这个单笔的金额除以 24 来做定投，大概率可以解套。从过去的经验来看，A 股的熊市一般会持续 2～4 年的时间，用被套本金的 1/24 来定投，就是坚持两年在熊市收集廉价筹码，尽可能地摊低成本，等到市场回暖的时候，一举解套。

在上面的例子中，2 万元分成 24 份，算下来每个月定投 830 元左右。对于普通投资者来说，较少的定投金额也容易坚持下来。

对市场比较熟悉的投资者，还可以在低位区域加大定投金额或频率，比如将月定投改成周定投等，以便进一步分摊持有成本，待未来市场反弹时，回本获利的效率会更高。

当然，在做定投解套的决策之前，投资者一定要确认的是这只基金是否值得解套。如前所述，对于我们持有的基金，起码应该每个月检查一下它的基本面有没有发生变化。

所以，用定投来解套，只适合那些本身质地优良的基金，买在市场高点，并遭遇市场普跌的情况。在这种情况下，我们可以坚持在市场低点定投，期待市场的景气度回升。

定投可以做家庭资产配置

对于投资者个人或者家庭来说，都需要分散风险并进行一定的资产配置。定投的目标不是暴利，而是长期投资、稳健获利，因此，定投可以通过对目标基金的统筹管理来进行家庭的资产配置。

我们可以通过公募基金配置各种投资产品，包括海外市场，这为我们通过基金定投进行资产配置提供了前提条件。

配置不同类型的基金，分散投资

从定投第一只基金到形成资产配置组合，需要一定的时间，必须慢慢来。

我们定投第一只基金，要找到质地好并且符合自己风险承受能力的基金，过一段时间，我们有了更多的钱，或者止盈了第一只基金，就可以开始定投第二只基金，第二只基金应该是不同类型的基金。如果第一只基金是热门的行业赛道基金，第二只基金就建议补充一只宽基指数、偏债型或均衡性基金来平衡；如果第一只基金是宽基指数基金，那第二只基金可以适当定投更活跃的行业主题基金，第三只基金可以考虑定投海外的基金；等等。多配置几种风格不同的基金来降低组合的波动，更利于长期持有。

最忌讳的是所有基金都买的是同一个类型，比如集中在某一个行业，风险过于集中，达不到资产配置的效果。

刚开始定投，应该从小额开始，慢慢分散类型、布局全球，假以时日，你定投了 5 只以上的基金，资产配置就渐渐完整了。

投资者如果搞不清或没有精力配置基金组合，定投基金投顾策略也是个不错的选择。

养老配置好选择

理财专家一般会建议我们，把手里的钱分成三份：第一部分是日常使用的钱，安全性和流动性是首要考虑因素，比较适合货币基金等现金类理财工具；第二部分是投资增值的闲钱，可以承受波动，希望有比较高的收益；第三部分是留给未来的钱，包括子女教育、个人养老等家庭长远计划；等等。

养老和子女教育基金都是长期投资，很适合用定投，一般越早开始做收获越好。股票指数型基金是比较合适的定投标的。

关于养老定投，我们来看看美国的成功案例。

格雷厄姆在《聪明的投资者》一书中提到了"定投"的概念。在书中格雷厄姆称之为"平均成本法"，即投资固定数额的现金，并保持有规律的投资间隔。这样操作后，当价格较低时，投资者可以买进较多的股票和基金，价格较高则少买一些，但长期操作会摊薄投资成本。很多业内人士认为定投的概念由此而来。

前文提到在实际投资中，人们自然将定投与工薪族的月薪相联系。定投概念诞生后，在实际操作中较为知名、取得效果较好的案例是美国的401k 计划。401k 计划来自于美国 1978 年《国内税收法》新增的第 401 条 k 项条款的规定（因此被称为"401K"），是一种适用于私人营利性公司，由雇员、雇主共同缴费建立起来的完全基金式的养老保险制度，属于缴费确定型（DC）计划，实行个人账户积累制。

美国的养老保险制度主要由三大支柱构成：第一支柱是由政府主导、强制施行的社会养老保险制度，即联邦退休金制度；第二支柱是由企业主导、雇主和雇员按比例共同缴费的企业补充养老保险制度，即企业年金计划；第三支柱是由个人负责、自愿参加的个人储蓄养老保险制度，即个人退休金计划。美国推出"401K"计划的初衷是为了鼓励美国国民增加养老储蓄。在计划推行后的20世纪70年代末到千禧年的20多年间，美国养老金规模与美国股市形成了"良性互动与双向奔赴"，覆盖了30多万家企业和4000多万的民众。

401K计划施行后，美国大公司的员工将养老金中的很大部分投入到本公司股票。复盘这项美国全社会参与的"定投计划"，结果无疑是较为成功的。这一做法的普遍实施给股市带来了大量新增资金，或许也是造就美国股市长牛的原因之一。

虽然我国与美国国情不同、投资环境也不同，但是上述定投的例子是值得投资者借鉴的。也许在长牛环境中可能一次性投入大量资金会获取更高的收益，但是在时刻变化、无法预测的投资市场中，定投是一种相对风险较小、逐步积少成多的投资方式。从上述美国的案例来看，定投不仅给参与的企业员工带来了"强制储蓄"的甜头，还让他们收获了远超储蓄的投资回报。

投资者在取得了一定的投资经验后，也许可以拉长视角，做更长期的定投，为自己的养老多做一个配置，让自己也多一份选择。

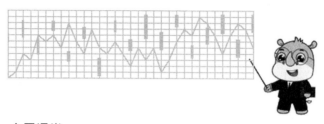

小犀课堂

本章是全书的最后一章，我们介绍了一种适合工薪族的投资方式：基金定投。基金定投的核心是降低一次性购买基金的风险，长期平滑波动、摊低成本，从而获得收益。

本章系统分析了基金定投的投资方法，包括定投金额、适用品种、应对亏损、择时、止盈，以及用基金定投来解套、做家庭资产配置，等等，帮助投资者掌握这一实用投资方法。

至此，我们已经系统地介绍了公募基金的基础知识、各类基金的风格和特点，并专门介绍了适合普通投资者的基金定投。

学完本书，相信你已经掌握了公募基金的基础知识和投资方法，正确认识基金投资的收益和风险，避免基金投资的各种误区，找到适合自己的"投基"之道。

最后再次强调，一定要找到符合自己风险偏好的基金，长期投资、理性投资哦！

后记 增强投资者教育质效 提升投资者获得感

自 1998 年首家公募基金公司成立，公募基金行业如今已经走过 25 个年头，发展成为"飞入寻常百姓家"的普惠金融典范。截至 2023 年 10 月末，我国公募基金规模超过 27 万亿元，基金投资者超过 7.2 亿人。投资者是资本市场的重要参与方，是维系资本市场运行的基石，是推进投、融资端各项改革的基本保障。在行业高质量转型发展过程中，如何让投资者树立理性的投资观，改善投资理念和投资方法，科学认识基金并投资基金，进而提升投资者的获得感，是基金行业当下面对的重要课题。

长期以来，基金业协会高度重视投资者教育工作，在证监会的指导下，不断加大投资者教育力度，完善投教基础设施建设，联合相关力量深化投教合力，取得了积极效果。2023 年 9 月，协会发布《公开募集证券投资基金投资者教育工作指引（试行）》，为公募基金行业开展投资者教育工作提供了基本制度遵循。近年来，基金公司持续加强对投资者教育工作的重视和投入，不断完善投资者教育及服务体系，比如设立专职部门、多途径开展投教活动、将投教与公司业务结合等。同时，行业机构积极参加协会发起的"一司一省一高校""基金行业话养老"等投教活动，通过"滴灌"与"漫灌"结合的方式，走进企业、学校、社区等，将金融基础知识和长期投资理念普及融入各类群体。

西部利得基金是投资者教育工作的积极践行者，围绕"一司一省一高校"活动主题，连续两年组织进社区、进校园开展投教讲座，积极加强投教联动、推广基金知识，具有丰富的投资者教育经验。西部利得基金编撰的《聪明的基金投资者》，以基础知识为开篇，内容涉及"如何挑选适合自己的基金""定投"等与投资者休戚相关的问题，科学普及基金投资知识，提升理性投资认识。该书既展现了基金公司在投资者教育过程中的积极尝试和探索，也体现出其作为专业机构在行业高质量发展中的责任担当，对基金行业更好开展投资者教育工作具有参考指导意义。

迈进新征程，基金行业迎来高质量发展的关键期，新阶段、新理念赋予投资者教育工作新的价值和使命。"授人以鱼不如授人以渔"，授人以渔的过程漫长且不易，但其重要性不言而喻。基金行业应立足长远、保持定力、久久为功，主动践行使命担当，以大众"愿意看""看得懂""用得上"为具体要求，致力于打造专业、长期、稳定的高水准投教作品，把财富管理的知识与工具带到投资者身边，推动理性投资、价值投资、长期投资理念更好地转化为投资者的认识与行动，切实增强投资者的安全感、获得感、幸福感。协会愿与行业戮力同心、奋楫笃行，按照"全面计划、系统部署、循序渐进、点面结合、持之以恒"的原则，共同推动投资者教育工作走深、走实。

中国证券投资基金业协会